한가락 시조집 23

고려향 머리곰 비취오시라

한가락 모임 지음

도서출판 다운샘

책머리에

한가락 시조모임 스물세 번째 돌잔치와, 스물세 번째 한가락 시조집을 동인지로 발간합니다. 올해도 열두 번의 역사인물을 탐방하였고, 조상의 빛난 얼을 찾아 공부하고, 시조로 엮었습니다. 우리를 지도하시는 중관(中觀) 최권흥(崔權興) 선생님께서는 항상 앞장서서 우리들을 이끌어 주시고 많은 가르침과 깨우침을 제시하여 주십니다. 선생님의 넉넉한 가르침에 감사드립니다.

책머리에 글을 쓸 때마다 '역사란 무엇을 가르치는가', '역사에는 무엇을 기록하는가', '역사는 현대를 어떻게 반영하는가'라는 질문이 떠오릅니다. 역사인물을 탐방하는 길거리에서 스스로 던지는 질문입니다.

사회란, 많은 생각들이 서로 맷돌질하면서 시대를 형성하게 되는 것 같습니다. 이 생각들이 서로 어울리면 아름답지만, 적대시 된다면 사회는 분열되게 마련입니다. 우리 사회도, 여러 이유들 때문에 계층간, 지역간, 이념의 차이로 인하여 분열된 현실을 확인하고 있습니다. 정당하지 못한 방법이 사회를 지배하지 못하게 하고, 서로의 대화를 단절시키는 억지와 독단이 사라져, 화합하고 서로 조화를 이루는 사회를 만들어 가기를 기대합니다.

한가락은 우리 민족의 얼을 찾고, 얼의 꼴이 현실에 발현되기를 기대하면서 활동하고 있습니다. 역사 인물에 대한 공부를 하면서, 간절한 마음으로 그 정신에 가까이 가려고 노력하고 있으며, 그 알맹이를 찾아

내 표현하려고 노력하고 있습니다. 낱말 하나에도 정성을 다하여 찾아 사용하고, 서로의 조화를 생각하면서 하나의 시조를 쓰고 있습니다. 이렇게 쓴 시조를 모아서 책을 엮어 자료로 만들었지만 부끄러움이 앞서고 있습니다. 다음에 또 책을 발간할 때에는 더 성장하고 알찬 모습을 보여줄 것이라고 다짐합니다.

함께 활동하는 한가락 회원님들께 감사의 말씀을 드리고, 격려의 칭찬을 올립니다. 새롭고 풍성한 모습의 책을 꾸며주신 다운샘 김영환 사장님께 감사드립니다. 그리고 현석 이호신 화백님의 표지그림이 책을 더욱 빛나게 해 주셨습니다.

감사합니다.

2013년 4월 29일

한가락 회원 장대열 씀

● 중관(中觀) 최권흥(崔權興) 선생님
137-819
서울시 서초구 방배 2동 455-1번지
204호 동천서숙 (02) 702-2553

▲ 한가락 스물두돌 잔치(4345. 4. 29)

● 벽고(碧皐) 장대열(張大烈)
1947년 전북 김제 생
(010-6247-7743)

● 고룡(古龍) 맹치덕(孟致德)
1958년 전북 남원 생
중원중학교 교사 (010-5517-7822)

● 욕천(浴川) 최장호(崔章鎬)
1963년 전남 곡성 생
건강보험심사평가원
(010-8001-6150)

● 노산당(魯山堂) 전향아(全香阿)
강원도 평창 생
한가락 총무(010-9945-1655)

● 갑고(甲皐) 홍영표(洪永杓)
1930년 경기 강화 생
경제학 박사(02-418-3416)

● 서봉(瑞峯) 조철식(趙徹植)
1930년 충남 서산 생
(02-2042-2818)

● 안일당(安一堂) 이원희(李元熙)
1949년 경기 안양 생
동천서숙 총무 (010-2299-4380)

● 설전(雪荃) 임준신(任準臣)
1939년 서울 생
설전화실 원장 (011-722-1888)

● 우인(又仁) 경우수(慶佑秀)
1948년 서울 생
자영업 (010-5225-6135)

● 가산(佳山) 임봉훈(任奉壎)
1931년 경북 상주 생
대한전기공업사 대표 (011-854-6322)

● 오남(梧南) 이종관(李鍾寬)
충북 청원 생
(010-3012-7288)

벼 리

고려하 머리곰 비취오시라

265. 해암정(海巖亭)에서

실직골 바다바위
다락집 얽어놓고

벗들과 어울리면
긴 가락 흐르나니

임금도 그 멋을 기려
새이름을 내렸네

최중관

▲ 해암정(海巖亭)

▲ 해암정(海巖亭) 앞에서

▲ 해암정 옆바위

▲ 해암정 뒤바위

265. 海巖亭(해암정)

海巖亭在江原道東海市北坪洞高麗末沈東老創建也沈
해 암 정 재 강 원 도 동 해 시 북 평 동 고 려 말 심 동 로 창 건 야 심

公初諱漢號信齋三陟貫始祖也公生於忠宣王二年庚戌
공 초 휘 한 호 신 재 삼 척 관 시 조 야 공 생 어 충 선 왕 이 년 경 술

自少善屬文忠惠王復位三年壬午中生進歷直翰林院事
자 소 선 촉 문 충 혜 왕 복 위 삼 년 임 오 중 생 진 역 직 한 림 원 사

成均館學祿藝文館檢閱春秋館修撰遷承奉郎通禮門祗
성 균 관 학 록 예 문 관 검 열 춘 추 관 수 찬 천 승 봉 랑 통 례 문 지

候出通州使入爲知製誥右正言恭愍王十年辛丑拜獻納
후 출 통 주 사 입 위 지 제 고 우 정 언 공 민 왕 십 년 신 축 배 헌 납

以特旨拜奉善大夫中書舍人知製誥當時國政日非棄官
이 특 지 배 봉 선 대 부 중 서 사 인 지 제 고 당 시 국 정 일 비 기 관

退居于三陟也王以東歸賜名東老又賜邑封眞珠君也後
퇴 거 우 삼 척 야 왕 이 동 귀 사 명 동 로 우 사 읍 봉 진 주 군 야 후

以禮屢徵終不起逍遙山水優遊於詩書築小亭於海濱巖
이 례 루 징 종 불 기 소 요 산 수 우 유 어 시 서 축 소 정 어 해 빈 암

石之勝扁曰海巖也公之卒年無所傳但墓在東湖洞西麓
석 지 승 편 왈 해 암 야 공 지 졸 년 무 소 전 단 묘 재 동 호 동 서 록

亥坐之原配玉堂夫人三陟金氏閤門祗候儒之女祔左有
해 좌 지 원 배 옥 당 부 인 삼 척 김 씨 합 문 지 후 유 지 녀 부 좌 유

一男一女也嘗禮賓卿李球詩曰三陟官樓是竹西樓中佳
일 남 일 녀 야 상 예 빈 경 이 구 시 왈 삼 척 관 루 시 죽 서 루 중 가

客沈中書如今白首能詩酒暇日相遊爲悅予嗚呼公之老
객 심 중 서 여 금 백 수 능 시 주 가 일 상 유 위 열 여 오 호 공 지 노

後海上神仙三陟沈福中書之宣今日彼聲當時其讌讚曰
후 해 상 신 선 삼 척 심 복 중 서 지 선 금 일 피 성 당 시 기 연 찬 왈

東海春風飛沫鹽　水邊石上一亭謙
동 해 춘 풍 비 말 염　수 변 석 상 일 정 겸

噲正來客律聲動　長檻倒光仙境覘
쾌 정 래 객 율 성 동　장 함 도 광 선 경 점

昔日中書新築臥　當時筆友舊親懺
석 일 중 서 신 축 와　당 시 필 우 구 친 첨

麗王賜號待元老　三陟貫鄕開祖忺
여 왕 사 호 대 원 로　삼 척 관 향 개 조 험

265. 해암정(海巖亭)

해암정은 강원도 동해시 북평동에 있다. 고려 말 심동로공이 창건했다. 심공의 처음 이름은 한이요 호는 신재로 삼척을 관을 삼는 시조이다. 공은 충선왕 2년 경술에 태어났다. 어려서부터 문장을 잘하여 충혜왕 복위 3년 임오에 생원 진사에 합격하여 벼슬은 직한림원사 성균관학록 예문관검열 춘추관수찬을 지나 승봉랑 통례문 지후에 옮겼다가, 통주사로 나갔었고, 다시 들어와 지제고 우정언이 되었다. 공민왕 10년 신축에 헌납 특지로써 봉선대부 중서사인 지제고를 받았다. 당시에 나라일이 날로 그릇되어 벼슬을 버리고 삼척으로 내려갔다. 왕이 동쪽으로 돌다고 이름을 주어 동로(東老)라하고, 또 읍을 주어 진주군으로 봉하였다. 뒤에 예로써 여러 번 불렀으나 나가지 않았고 산수를 소요하며 편안히 시서를 즐겼다.

바닷가 바위 경치 좋은 곳에 조그만 다락을 얽어 해암정이라 편액을

걸었다. 공의 돌아가신 해는 전해지지 않는다. 다만 산소는 동호동 서쪽 기슭 해좌언덕에 있다. 아내 옥당부인은 삼척김씨 합문지후 유(儒)의 딸이다. 남편 왼쪽에 묻혔다. 1남 1녀를 두었다.

일찍이 예빈경 이구(李球)의 시에 말하기를,

삼척 관내의 다락 중엔 죽서루가 최고요
다락의 가운데 아름다운 객은 심중서로다
지금 흰머리로 시와 술에 능하고
한가한 날에 서로 노니니 나를 기쁘게 하도다
오호라 공의 노후는 바다위의 신선이로다
삼척 심씨들의 복은 중서공의 베풂이요
오늘날 저 소리는 당시의 그 북소리로다

기려 노래하노니,

동해의 봄바람에 날리는 물방울이 짠데
뉼가 돌 위에 한 정자 아담하구나
시원한 마루 오신 손님들 시 읊는 소리요
긴 난간 들어오는 빛 신선을 엿보는구나
옛날 중서공께서 새로 지어 노닐던 곳
당시에 문필가들 옛날 친했던 것 드날렸도다
고려왕 특별이 원로라 이름을 주니
삼척을 관향으로 하는 시조의 기쁨이로다 전

하이얀 뫼봉우리
둥실 뜬 샛바닷가

솟구친 촛대바위
짙푸른 물보라여

젓소리 겨운 가락에
갸웃 숙인 갈매기

벽고 장대열

우뚝한 촛대바위
물결이 넘나들고

밝은 달 옆에 끼고
잔 잡아 기우릴제

새 어른 가락에 젖어
구름타고 나린다

고룡 맹치덕

새 쪽의 늙은이라
보는 눈 날카롭다

바다 옆 뾰족 바위
다락을 얽었더니

바람과 구름 나울 돌
살아있는 글이다

노산당 전향아

물가에 바다바위
다락을 띄워놓고

먼데서 벗이 오면
긴 가락 넘치더니

큰 임도 그 넉넉함에
새 늙은일 기렸네

갑고 홍영표

먼 나라 안보려고
등지고 돌아섰나

흰 바위 무덕무덕
지키려 에워싸고

즐기던 글 그림 없어
이름자만 남았네

서봉 조철식

물러난 바닷가에
다락을 얽어놓고

아이들 가르치며
벗들과 어울렸네

그 속을 위에서 알고
새 이름을 내렸네

우인 경우수

샛바람 파란 물결
참 구슬* 아름답다

바다 돌 울타리에
노래 터 잡은 할범

불러라 내 맘 너의 맘
나라 사랑 새롭다

가산 임봉훈

* 참 구슬 : 眞珠. 三陟.

솔다락 높이 올라
바다 위 신선되니

지는 달 애달퍼라
저 뫼 끝 우리 임아

사무친 하 그리움을
주체할 길 없어라

오남 이종관

해암정(海巖亭)에서

두온예순다섯 번째 한가락 모임
때 : 4345(2012)년 4월 1일, 일요일, 맑음
곳 : 해암정 - 강원도 동해시 북평동 추암리

4월 1일, 한가락 모임, 사당동 8시 출발. 맑은 날씨의 따스한 봄기운이 여행이라는 분위기를 더욱 증폭시킨다.

우리 한가락 회원들은 언제나처럼 커다란 버스에 편안히 몸을 기대어 오늘의 여행 일정을 되짚어 보면서 시원히 달리는 차량들을 부질없이 헤아려보는 여유를 한갓지게 누려본다. 중관선생님의 눈부신 흰 두루마기에 햇볕이 비치니 더욱 흰 것이 눈이 부시다.

오늘같이 경치 좋은 곳으로 일정이 잡혔는데도 불구하고 참석치 못한 회원들이 많아 아쉽다. 현장에 참석하여 좋은 강의 듣고 시 한 수 남기는 아름다운 기회를 놓치는 그 개인들도 속이 많이 타리라본다. 총 21명이 커다란 버스에 탓으니 버스가 반이나 비어있어 아쉬운 생각이 앞선다.

좋아진 교통으로 2시간 조금 지나니 대관령 횡계휴게소에서 잠깐 쉬었다. 높은 산자락이라 그런지 바람이 차게만 느껴진다. 크게 쓰여진 “산소가 살아있는 휴양지”란 푯말이 눈길을 끈다.

우리는 옷깃을 여미며 차에 올라 조금만 가면 당도할 해암정에 대한 이야기꽃을 피우면서, 바닷 기운이 느껴지니 더욱 빨리 가고 싶어진다. 잠시 후에 도착한 바다 옆에 아담하게 지어진 정자가 눈에 들어온다. 손으로 깎아 세운 듯한 촛대바위가 조각처럼 손이 닿을 거리에 위치해 있고 철썩이는 파도 소리가 시인의 팔을 당긴다.

해암정은 공민왕 10년 삼척 심씨의 시조인 심동로(沈東老)공이 벼슬을 버

리고 내려와 지은 것이다. 후학양성과 풍월, 술 한 잔으로 사나이의 깊은 여생을 보낸 이 자리는 정면 3칸 측면 2칸으로 홑처마에 팔작지붕으로, 사치스럽지 않게 지어졌지만, 경치만은 사치스럽게 수려한 것이 욕심이 난다.

눈 닿는 곳마다 아름다운 경치에 혼을 빼앗겨 시인으로서의 난감함을 느껴본다. 눈에 보이는 이 모든 아름다운 풍경을 표현은 해야겠는데 어찌 말과 글로 표현이 될까, 아! 그저 감탄사만 나올 뿐이다.

그러나 1584년 선조 때 시문에 능한 이식(李植)공께서 지은 능파대(凌波臺)란 아주 맛깔스럽게 지은 시 한 수를 표해 놓은 것이 있어 시선을 끈다.

역시나, 내가 하고 싶은 표현을 미리 사용하였으니 나의 좁은 시문이 막힐 수밖에…….

그 글을 읽고 나니 더욱 난감해진다.

이곳은 장엄한 동해 일출보기로도 유명한 곳이니 늘 사람이 붐빌 수밖에 오늘도 많은 사람들이 북적인다.

우리의 목적은 역사공부에 이어 시 짓기인데 마땅히 공부할 곳이 없어 늦은 점심을 챙기러 식당을 찾아 나섰다. 금강산도 식후경이란 속담이 있듯이, 한 끼 속을 채우는 일도 시상의 기를 채우는 것과 같은 일이다.

해암정을 관리하는 심씨들의 마중과 안내가 없는 상황이라, 사람들이 적은 식당을 찾는 일도 순조롭지 않다. 회원들은 식사를 마친 후 마땅한 공부할 장소를 마련할 수 없어 버스 안에서 강의를 하기로 하였다.

좋은 추억으로 생각할 수도 있겠지만 21년 만에 처음 있는 일로서 어르신들께 죄송한 마음이 들어 총무인 나로서는 몸둘 바를 몰라 강의도 제대로 듣지 못한 것 같다.

그래도 좋은 글 남기라는 중관선생님의 힘찬 목소리를 들으며 강의를 마칠 수 있었다.

강릉에 사시는 갑고 선생의 기성지교(機成之交) 청봉 엄장섭 선생께서 함께 하셨고 찬조금도 주시어 감사히 받았다. 시조까지 한 수 지어주셔서 아래에 싣는다.

그립던 갑고 형님
못난 벗 보러왔네

하룻밤 그 긴 정담
남긴 채 접어두고

아쉽게 보내는 마음
천근 무게 견주랴

노산당 전향아 씀.

266. 모현재(慕賢齋) 에서

잣밖은 온통 봄빛
기와집 볕바른데

맏아우 사이좋아
나라에 알려지니

한 집안 새로 일구어
저리 높이 솟았네

최중관

▲ 모현재(慕賢齋)

▲ 모현재(慕賢齋) 앞에서

▲ 시조공을 위시한 여러 분의 단

▲ 시조공 공부를 하며

266. 慕賢齋(모현재)

慕賢齋在서울特別市道峰區放鶴洞泗川睦氏始祖公追
모 현 재 재 특 별 시 도 봉 구 방 학 동 사 천 목 씨 시 조 공 추

慕處也公諱孝基高麗高宗元宗人武科耀武將軍五衛郎
모 처 야 공 휘 효 기 고 려 고 종 원 종 인 무 과 요 무 장 군 오 위 랑

將同正古來之得姓說有兄弟相睦說曰昔日泗川地方有
장 동 정 고 래 지 득 성 설 유 형 제 상 목 설 왈 석 일 사 천 지 방 유

兄弟同居友愛敦篤隣里極讚以所聞於麗王賜姓也又有
형 제 동 거 우 애 돈 독 인 리 극 찬 이 소 문 어 여 왕 사 성 야 우 유

國文古典小說睦始龍傳以確證也公亦育三子以誠孝友
국 문 고 전 소 설 목 시 룡 전 이 확 증 야 공 역 육 삼 자 이 성 효 우

愛爲庭訓長德昌閤門祗候靈州守靈州君次卓敍尙書考
애 위 정 훈 장 덕 창 합 문 지 후 령 주 수 령 주 군 차 탁 서 상 서 고

功郎中次惇敍書丞同正也始祖公配位及墓所失傳不得
공 랑 중 차 돈 서 서 승 동 정 야 시 조 공 배 위 급 묘 소 실 전 부 득

已神位碑設壇於齋閣後原也靈州君有一子俊平秘書省
이 신 위 비 설 단 어 재 각 후 원 야 령 주 군 유 일 자 준 평 비 서 성

判事寶文閣直提學有一子君慶興威衛大將軍有二男成
판 사 보 문 각 직 제 학 유 일 자 군 경 흥 위 위 대 장 군 유 이 남 성

均館進士忠達次失諱進士公有二男神虎衛精勇郎將孫
균 관 진 사 충 달 차 실 휘 진 사 공 유 이 남 신 호 위 정 용 랑 장 손

儉次贊成事仁吉佐恭愍王功臣一等從兄密直司事忠紅
검 차 찬 성 사 인 길 좌 공 민 왕 공 신 일 등 종 형 밀 직 사 사 충 홍

巾賊擊退亦一等功臣也嗚呼睦門上代兮武官職卓光麗
건 적 격 퇴 역 일 등 공 신 야 오 호 목 문 상 대 혜 무 관 직 탁 광 려

末國亂兮王佐之功皇壎篪曲特兮念弟如臂芳也哉讚曰
말 국 난 혜 왕 좌 지 공 황 훈 지 곡 특 혜 념 제 여 비 방 야 재 찬 왈

城外山川春色咸　道峰南麓一齋鑑
성 외 산 천 춘 색 함　도 봉 남 록 일 재 감

古風瓦閣慕賢扁　神域烏碑開祖瑊
고 풍 와 각 모 현 편　신 역 오 비 개 조 감

先代武官郎將始　後孫佐命功臣劖
선 대 무 관 랑 장 시　후 손 좌 명 공 신 참

睦門得姓由來特　旎旎綱常模範縿
목 문 득 성 유 래 특　이 이 강 상 모 범 삼

266. 모현재(慕賢齋)

모현재는 서울특별시 도봉구 방학동 사천목씨 시조공을 추모하는 곳이다. 공의 휘는 효기(孝基)요 고려 고종(高宗), 원종(元宗)때 사람이다. 무과하여 요무장군 오위랑장동정을 지냈다. 고래로부터 성씨를 얻었다는 설에, 형제 상목설이 있어 말하기를, "옛날에 사천지방에 형제가 함께 살았는데 우애가 돈독하여 이웃 마을에서 지극히 칭찬하여 고려왕이 소문을 듣고 성씨를 주었다."고 하고, 또 국문으로 된 고전소설, 목시룡전(睦始龍傳)이 있어 확실한 증거가 될 수 있다. 또한 공의 세 아들이 있었는데, 정성과 효, 우애로써 가훈을 삼았다고 한다. 장남 덕창(德昌)은 합문지후요, 영주의 군수로 영주군이요. 둘째는 탁서(卓敍)로 상서고공랑중이요. 셋째 돈서(惇敍)는 서승동정이다. 시조공과 부인의 묘소는 실전 되었다. 부득이 신위비로 재각 뒤에 단을 설치하여 모시고 있다. 영주군의 아들 준평(俊平)은 비서성판사 보문각직제학이다. 준평의 아들 군경(君慶)은 흥위위대장군이다. 군경의 두 아들은 성균관진사로 충

달(忠達)이다. 차남은 휘를 잃었다. 진사공은 두 아들이 있었는데 신호위 정용랑장 손검이요 다음은 찬성사 인길(仁吉)로 공민왕(恭愍王)을 도운 일등공신이다. 사촌형 밀직사사 충(忠)은 홍건적을 격퇴시킨 일등 공신이다.

오호라! 목문의 윗 어른이여 무관직의 우뚝한 빛이로다. 고려 말 나라의 어지러움이여 왕을 도운 공신의 빛남이로다. 훈지(형제)곡의 특별함이여 염제여비의 꽃다움이로다. 기려 노래하노니,

성 밖 산천은 온통 봄빛이 짙은데
도봉산 남쪽 기슭엔 한 재실이 빛나도다
옛스런 기와집은 현모재 현판을 달았고
묘역의 검은 빗돌은 시조공을 새긴 돌이로다
선대엔 무관랑장으로 시작되었고
후손은 왕을 도운 공신으로 기록되었도다
목씨 문중의 성씨를 얻은 특별한 전설은
휘날리는 삼강오륜의 모범되는 깃빌이로다 전

우람찬 길봉우리
그림자 얹힌 처마

맏아우 도란도란
다사롬 엮어엮어

하이얀 망울로 맺혀
엿듣보는 찔레여

벽고 장대열

아늑한 방아골에
활짝 핀 아가위 꽃

오가는 나그네들
제 길을 바삐 갈 뿐

언제쯤 돌아보련가
꺼져가는 불빛을

고롱 맹치덕

너무도 사이좋아
몸에 밴 하는 것을

나라안 널리 퍼져
이름을 새로 얻어

값지다 으뜸의 으뜸
길이길이 봄빛을

욕천 최장호

안에서 웃는 소리
밖에서 듣기 좋아

발 없이 바람타고
임금 귀 열었구나

맏 아우 끈끈한 사랑
홍이나는 뜬 소문

노산당 전향아

법궁새 섧게 울고
찔레꽃 하아얀데

위아래 도탑다고
집 이름 내리시니

다섯 칸 붉은 기둥이
기리는 말 이르네

서봉 조철식

온누리 새푸르른
두루미 언덕인데

맏아우 서로 아껴
임금님 내리신 씨

가꾸어 일궈진 집안
높이높이 밝았네

안일당 이원희

만 아우 사이 좋아
이웃에 알려지고

씨 갈레 이름 되어
위에서 내려줬네

봄빛의 뫼 아래 큰 집
밝고 밝게 빛난다

우인 경우수

윤달이 봄빛인데
숲속을 밟은 자리

처마 끝 구름 시렁
재실이 향기 나네

피리로 형 아우 하니
까치소리 어울려

가산 임봉훈

솔수풀 까막돌은
뫼 아래 우뚝한데

나팔에 젓대불어
한겨레 이룬 집안

나라에 큰 깃발되어
휘날리며 빛난다

오남 이종관

모현재(慕賢齋)에서

두온예순여섯 번째 한가락 모임
때 : 4345(2012)년 5월 12일, 토요일
곳 : 모현재 - 서울특별시 도봉구 방학동

그리 좋은 5월의 두 번째 토요일은 바로 한가락 역사 탐방이 시작하는 날이다. 특히 오늘 가정의 달인 5월이라는 것에 걸맞게 찾아 가는 유적지이며 새삼스럽게 기억에 오래 남기고 싶은 곳이다. 서울특별시 도봉구 방학동 泗川睦氏의 시조공의 유적지로 잘 보존된 慕賢齋를 찾아 가는 길이다.

5월은 특히 노동자의 날이며 가정의 날이다. 그만큼 12개월 중 5월이 가장 소중하고 귀중한 노동의 꽃의 달이며 가정의 활력을 주는 푸른 젊음이 담긴 달이라하며 어느 달보다도 희망만을 똘똘 뭉친 그 자체의 달이다. 그리고 일주일 후면 남도의 젊음이 있기에 가능했던 불의에 저항 정신을 간직한 5.18민주화운동 기념일이다. 곧 있으면 江山이 3번 바뀌게 된다. 그 익숙함에 洗腦되어 버린 세상 그대로 그 변화를 결국 찾지 못하는가. 아아! 봄의 한가운데 서서 바라보면 가장 사람다운 달인 5월이여! 사람을 위한 사람이 먼저인 달로 남기고 싶은 달이다.

10시까지 쌍문역에 모인 회원 일동은 정의공주묘로 향하는 버스를 올라탔다. 얼마나 지났을까 출렁이는 버스는 우리의 목적지인 정거장에 내려놓고 서둘러 떠나갔다. 북한산둘레길인 우이동길과 도봉동길로 갈라서는 길목에 정의공주묘가 있으며 그 길을 쭉 따라가니 웅장한 慕賢齋가 보인다.

慕賢齋가는 길에 버려진 문인석이 홀로 그곳이 오래전에 묘가 있던 자리라는 것을 증명이라도 하듯 묵묵히 서있으며, 이미 사라진 세월이 문인석을 갈아먹는다 해도 지금 그대로 버티며 누군가를 기다린다.

시대는 마치 嚞人을 부른다. 몹시 웅장한 慕賢齋를 도착하니 미리 마중 나온 문중어르신이 정중히 환대하고서 우선 泗川睦氏의 시조 睦孝基의 설단비를 먼저 가기로 한다. 慕賢齋를 뒤로하여 흙내음이 가득한 숲길을 따라가니 봄의 색이 뚜렷해지며 풀내음 또한 요란하다. 부드러운 잎사귀에 붙은 자벌레가 마치 龍이라도 되려는 듯 기지개를 틀며 꿈틀거린다. 자벌레의 속성에는 龍의 기질이 배어 있는 듯하다. 모든 사물에는 욕망을 숨기며 다른 모습으로 살아감에 너무도 익숙함을 본다. 회원 모두다 설단비에 모여서 경건하게 참배를 하였으며 문중어르신의 덧붙인 설명과 약간의 담소를 마치고 다시 慕賢齋로 조심스럽게 내려왔다.

한가락회원들은 문중어르신과 정식으로 상견례를 마치고 한가락 지도교수인 中觀선생님의 강의를 듣기 위해 동그라미를 그리며 차분히 강의 시작을 기다린다. 한가락회장이 모임성격에 대해 설명을 마치자, 비로소 慕賢齋에 모셔진 泗川睦氏의 시조이신 睦孝公에 대해 공부를 하게 되었으며 중관선생님의 힘이 배어 있는 강의 목소리와 더불어 始祖公으로 특징을 다시 한 번 새롭게 가슴 깊게 담아본다. 公의 숨길이 담아낸 中觀선생님의 한시창, 그리고 시조가락이 방안 가득 휘돌아 북한산 산자락으로 기어 올라가 이미 허연 구름이 되어있다. 끝으로 선생님께서 七言律詩를 쓰실 분은 선생님의 讃詩의 次韻을 활용하여 쓰라고 하신다.

이제 늦은 점심을 해결하고자 정의공주묘 정거장 앞에 있는 '원주추어탕' 식당으로 자리를 옮겨 맛난 점심식사시간을 보내면서 오늘 배운 公에 대한 새로움에 질문 또한 많았으며, 오늘 일정을 모두 마치고 이 근처 가까이 있는 燕山君墓를 방문하자는 의견이 있어 방문하기로 하였다.

燕山君墓에 도착하니 방학동 큰 은행나무가 墓域지킴이로 500년 넘게 어제와 같이 오늘도 우뚝 서있다. 한동안 은행나무의 주위에 집터가 있어 좁은 공간으로 죽음의 문턱 앞에까지 간적이 있는 것으로 안다. 지금은 일정공간의 집터를 헐어서 나무뿌리의 공간을 넉넉하게 해줌에 따라 푸른 잎새에 윤기가 짙다. 이 은행나무는 비운의 연산군과 그의 비 신씨의 合葬墓를 한눈팔지 않고 줄곧 지켜본 나무이다.

燕山君墓域을 관람하려고 하니 문화재 해설사가 나와서 燕山君墓域에 대한 자세한 설명을 해주신다. 천천히 墓域을 둘러보고 나서니 이곳 북한산에는 역사적인 흔적을 지닌 곳이 여러 곳 중 하나이다.

오늘 좋은 5월의 두 번째 토요일에 모든 일정을 마무리 하고 각자 집으로 편리한 교통수단을 통하여 갈 때가 되었다. 5월은 또한 젊음의 달이며 그 젊음을 있게 한 그 무엇을, 잊어서는 아니 되는 기억들을 되새김함에 따라 세월은 깊게 골을 패어간다고 하여도 젊음의 물결은 거칠게 바위를 깎아 올린다. 때론 누군가는 길에 버려진 문인석처럼 홀로 꼭 기억해야만 하는 기억을 지니고 서있는 사람들이 있다. 그래도 사람이 먼저다. 지금은 이미 죽은 문인석이 소리를 내는 듯하다. 죽은 목소리가 아닌 산 목소리로 돌덩이가 터질 듯 소리를 낸다.

세월의 沙布가 그 살결을 거칠게 하여 비록 몸은 줄어들지언정 그만큼 그 자리에서 존재할 價値가 있음을 분명히 오늘도 보여주고 있다. 우리는 누울 자리만큼은 5월처럼 넉넉하였으면 한다. 아래에 최문자씨의 시조 한 수를 덧붙인다.

뫼줄기 낮은 자락
눕자리 아늑하고

시원한 높은 집의
우렁찬 가르침은

한가락 우리 모두를
깨우쳐준 의초롬

욕천 최장호 씀.

267. 매산서원(梅山書院)에서

근심은 셋이어라
그래도 나라 걱정

어머니 모시기도
끝까지 다했도다

솜꽃씨 숨겨 들여와
겨울나기 쉬웠네

최중관

▲ 매산서원(梅山書院)

▲ 매산서원(梅山書院) 앞에서

▲ 매산서원에 올라

▲ 삼우당공 공부를 하며

267. 梅山書院(매산서원)

梅山書院在京畿道驪州郡陵西面番都里文三憂堂公追
매 산 서 원 재 경 기 도 여 주 군 능 서 면 번 도 리 문 삼 우 당 공 추

慕處也公諱益漸字日新初諱益瞻南平人也始祖諱多省
모 처 야 공 휘 익 점 자 일 신 초 휘 익 첨 남 평 인 야 시 조 휘 다 성

新羅慈悲王時誕生於全羅南道羅州郡南平面長子池千
신 라 자 비 왕 시 탄 생 어 전 라 남 도 나 주 군 남 평 면 장 자 지 천

尋巖壁上五色雲中石函其後封三重大匡壁上功臣南平
심 암 벽 상 오 색 운 중 석 함 기 후 봉 삼 중 대 광 벽 상 공 신 남 평

伯享九十八長壽以後孫奉戴貫祖也至高麗時以巨族振
백 향 구 십 팔 장 수 이 후 손 봉 대 관 조 야 지 고 려 시 이 거 족 진

名聲曾祖諱克儉匡靖大夫開城尹贈版圖判書謚靖烈祖
명 성 증 조 휘 극 검 광 정 대 부 개 성 윤 증 판 도 판 서 시 정 렬 조

諱允恪奉翊大夫三司右使文翰學士贈典理判書考諱叔
휘 윤 각 봉 익 대 부 삼 사 우 사 문 한 학 사 증 전 리 판 서 고 휘 숙

宣左正言原從功臣贈光祿大夫門下侍中謚忠貞妣趙氏
선 좌 정 언 원 종 공 신 증 광 록 대 부 문 하 시 중 시 충 정 비 조 씨

戶部尙書珍柱女以忠惠王一年辛未生公於慶尙南道丹
호 부 상 서 진 주 녀 이 충 혜 왕 일 년 신 미 생 공 어 경 상 남 도 단

城面培養里自幼明敏好學受學于稼亭與圃隱擢文科第
성 면 배 양 리 자 유 명 민 호 학 수 학 우 가 정 여 포 은 탁 문 과 제

爲左司議大夫右文館提學嘗奉使如元時元主廢恭愍公
위 좌 사 의 대 부 우 문 관 제 학 상 봉 사 여 원 시 원 주 폐 공 민 공

抗節不屈元主怒謫交趾居三年釋還得木綿種公潛以數
항 절 불 굴 원 주 노 적 교 지 거 삼 년 석 환 득 목 면 종 공 잠 이 수

核納于管孔而歸分一枚於外舅種之三年大蕃殖又相與
해납우관공이귀분일매어외구종지삼년대번식우상여

刱爲繅車取子以引縷織綿布爲衣也時事日非上書數千
창위소거취자이인루직면포위의야시사일비상서수천

言終不納猶被劾罷職退居田里遂匿於晋之江城治東集
언종불납유피핵파직퇴거전리수익어진지강성치동집

賢山下有別墅自號三憂居士憂邦國之不振憂正學之不
현산하유별서자호삼우거사우방국지부진우정학지불

明憂己道之不立也爲人慈孝丁母憂廬墓三年倭奴之亂
명우기도지불립야위인자효정모우여묘삼년왜노지난

人皆匿公獨不去倭奴不敢加害驪興王九年癸亥立石以
인개익공독불거왜노불감가해여흥왕구년계해입석이

旌其閭及壬申變易稱疾不仕杜門不出以新朝九年庚辰
정기려급임신변역칭질불사두문불출이신조구년경진

二月八日卒享年七十也葬于山淸郡新安面新安里葛廬
이월팔일졸향년칠십야장우산청군신안면신안리갈려

山向酉之原配初曰周氏繼曰鄭氏有五男中庸中誠中實
산향유지원배초왈주씨계왈정씨유오남중용중성중실

中晋中啓公樹之杏木一株尙存也讚曰
중진중계공수지행목일주상존야찬왈

早出都城走嶺東　驪江停轡一祠穹
조출도성주령동　여강정비일사궁

梅山楣號大儒酌　書院講堂過客逢
매산미호대유작　서원강당과객봉

萬里他邦綿子得　三憂別墅心聲充
만리타방면자득　삼우별서심성충

諒陰至孝旌閭裏　與牧隱推元老翁
양음지효정려리　여목은추원로옹

267. 매산서원(梅山書院)

매산서원은 경기도 여주군 능서면 번도리에 있다. 문삼우당공을 추모하는 곳이다. 공의 휘는 익점(益漸)이며, 자는 일신(日新)이다. 처음 이름은 익첨(益瞻)이었고, 남평인이다. 시조의 휘는 다성(多省)이요, 신라 자비왕 때에, 전라남도 나주군 남평면 장자지의 천길 높은 암벽 위에 오색 찬란한 구름속의 돌 상자에서 탄생하였다. 그 후에 삼중대광벽상공신 남평백으로 봉하였고, 향년 98세로 장수하였다. 그리하여 후손들이 관조로서 받들었다. 고려 때엔 거족으로 이름을 떨쳤다. 증조의 휘는 극검(克儉)이요 광정대부 개성윤으로, 판도판서에 증직되었고, 시호는 정렬(靖烈)이다. 조의 휘는 윤각(允恪)이다. 봉익대부삼사우사 문한학사였고, 전리판서로 증직되었다. 고의 휘는 숙선(叔宣)으로 좌정언 원종공신이다. 광록대부문하시중으로 증직되었고 시호는 충정(忠貞)이다. 어머니는 조씨로 호조상서 진주(珍柱)의 따님이다. 충혜왕 1년 신미년에 경상남도 단성면 배양리에서 공을 낳았다. 공은 어려서부터 영민하여 배우기를 좋아하였고, 가정(稼亭)의 학문을 받았으며, 포은(圃隱)과 더불어 과거에 뽑혔다.

좌사의대부 우문관제학이 되어서 받들어 원나라 사신으로 가서 원나라 왕이 공민왕을 폐하려하자 절의로서 대항하였고, 굽히지 않으니 원나라 왕이 노하여 교지를 내려 귀양 보내니 떠난 지 3년에 석방되어 목화씨를 얻어 여러 개의 씨앗을 붓대 속에 감추어 돌아왔다.

장인과 나누어 심었는데 3년 뒤에 크게 번식하였다. 또 서로 소거(솜틀기계)와 씨아(씨앗 고르는 것)를 발명하여 실로 비단옷을 만들었다.

때에 일이 날로 잘못되어 상소를 여러 번 올렸으나 끝내 받아들어지지 않았고, 오히려 탄핵을 입어 파직되었고, 시골로 물러나서 진주의 강성 동쪽 집현산 아래에 숨어 지냈다.

별장을 지어 스스로 호를 삼우당거사라 하였는데, 나라걱정을 떨칠 수 없는 것이 제1 근심이요, 정학을 밝게 배우지 못한 것이 제2 근심이요, 자기 도를 바로 세우지 못한 것이 제3 근심이라는 것이다. 공은 인자하고 효성스러워 어머니 상을 당하여 삼년을 시묘살이를 하였고, 왜놈들의 난이 있어 사람들이 다 숨었으나 공은 홀로 떠나지 않으니 왜놈들이 감히 두려워 해하지 못하였다. 여흥왕 9년 계해년에 돌을 세워 그 정려문을 표창하였다. 임신년 변역에 이르러 병을 핑계되고 벼슬에 나가지 않고 문을 닫고 나가지 않았다.

새 조정 9년 경진년 2월 8일에 졸하니 향년 70세이다.

장지는 산청군 신안면 신안리 갈로산 서쪽을 향한 언덕이다. 처음부인은 주씨요, 다음부인은 정씨이다. 5남이 있으니 중용(中庸), 중성(中誠), 중실(中實), 중진(中晋), 중계(中啓)이고, 공이 심은 은행나무 한그루가 아직도 있다. 기려 노래하노니,

일찌이 도성을 나와 영동을 달리다가
여강에서 말고삐 멈추니 한 사당 높도다
매산 현판 이름 큰 선비를 짐작하게 하고
서원 강당에서는 지나는 객을 반기도다
만리 타향에서 목화씨를 얻어왔고
삼우당 별장엔 마음의 소리 꽉찼도다
양음의 지극한 효심 정려각 세운 속에
목은과 더불어 큰 노인으로 추대하도다 [전]

붓대롱 솜꽃 씨알
맵씨난 물레 씨아

한추위 막아 주고
서러움 다독다독

추녀에 너름새 자랑
가락 겨운 멧새들

벽고 장대열

세 가지 시름이라
나달이 갈고 닦아

드러난 푸른 마음
나갈 길 밝혀주니

두툼한 솜옷 속에서
느껴지는 따스함

고룡 맹치덕

날마다 다른 날들
새로움 첨과 같이

오늘도 넘치도록
살피고 다시 살펴

씨아에 꽃솜씨 넣어
따스함을 뽑는다

욕천 최장호

붓대에 숨긴 씨앗
솜꽃이 살아있어

마음 속 걱정 셋은
끝까지 갈 것인가

다락에 이름을 붙여
뉘였다고 새긴다

노산당 전향아

나라와 글에 더해
근심은 나까지 셋

무덤가 세해 살며
어머니 모시었고

솜꽃씨 품어 들여와
겨레 추위 막았네

갑고 홍영표

두어 참 달려 맺벌
밤꽂 내 코 찌른다

걱정 셋 달래렸나
솜 씨알 심었다니

옷 입어 고마운이들
즈믄 해를 즐기네

서봉 조철식

어제도 오늘 올제
세 걱정 하루같이

나랏님 어머니도
끝까지 모셨도다

한 솜씨 잘 가꾸어서
온 누리를 덮었네

안일당 이원희

나라와 겨레 위한
근심은 셋이로다

나갔던 이웃나라
붓 뚜껑 담아온 씨

솜옷을 입을 때마다
떠오르는 님 생각

우인 경우수

나귀 골 매실 글방
한가람 물가로다

다래 꽃 피는 유월
잊은 듯 달콤한 맛

붓 대롱 숨은 이야기
오늘에야 향기나

가산 임봉훈

한가람 흘러흘러
술내가 맑았구나

큰할배 모셔놓고
기리는 선비들아

붓대에 숨겨온 씨알
솜옷 처음 입혔네

오남 이종관

매산서원(梅山書院)에서

두온예순일곱 번째 한가락 모임
때 : 4345(2012)년 6월 16일, 토요일
곳 : 매산서원 - 경기도 여주군 능서면 번도리 321

붉은 꽃 장미(薔薇)의 계절은 녹음방초 승화시(勝花時)를 재촉하고 있다. 싱그럽고 짙은 밤꽃 향기가 더하여 뇌를 자극한다. 잘 다듬어진 고속도로, 국도, 지방도를 넘나들며, 서울 출발 1시간여 만에 나귀 고을에 도착한다. 임진년(壬辰年) 초하(初夏) 단기 4345년 6월 16일이다.

푸른 하늘이 맑아서 거울 같고 떠다니는 하얀 뭉게구름은 솜뭉치 같은데 녹색 숲과 물안개가 어우러지니 더욱 아름답다. 그러나 한 줄기 소나기 오기를 학수고대(鶴首苦待)하고 있는 농민들 생각에 아쉬움이 엄습함을 어찌하랴! 만남을 기다리듯 하늘을 믿어보자.

남평문씨(南平文氏) 문중에서 마중을 나온 두 분이 우리들을 맞이하여 준다. 서원이 있는 번머리 마을은 경기도 여주군 능서면 번도리(京畿道 驪州郡 陵西面 番都里) 321번지이고 여주군 향토유적 제10호의 문화재(文化財)로 지정 되어 있다. 문익점(文益漸)과 이색(李穡)을 합사하고 매년 음력 3월 9일에 제사를 지낸다. 마을 어귀에 들어가면 붉은색 홍살문이 우뚝한 전형적인 시골 마을이다. 지방 유림들과 삼우당 후손들이 뜻을 같이 하여 복원 보존하고 있는 사원이다.

매산서원이란 어떤 곳일까? 중관 최권흥(中觀 崔權興)선생님의 준비된 자료에 따라 공부를 하였다. 남평(南平)을 본관으로 하고 첫 이름은 익첨(益瞻), 자(字)는 일신(日新) 호(號)는 삼우당(三憂堂)이다. 숙선(淑宣)의 아들로서 공민왕(恭愍王, 1360년) 때 문과에 급제하여 김해부사록(金海府司錄)과

순유박사(諄諭博士) 등을 지냈다. 1363년 사간원좌정언(司諫院左正言)으로 있을 때 서장관(書狀官)이 되어 계품사 이공수(啓稟使 李公遂)를 따라 원나라에 갔다. 때마침 원나라에서 벼슬을 하고 있던 고려의 최유(崔濡)를 만나게 되었고, 원나라에 와있던 충선왕의 셋째 아들 덕흥군(德興君)을 왕으로 옹립(擁立)하고 공민왕을 몰아내려 하고 있었다. 정략적으로 원나라는 덕흥군을 고려왕으로 봉하였고, 최유는 군사 1만 명을 얻어 요동(遼東)까지 진군(進軍)해 왔으나 1364년 1월 최영장군(崔瑩將軍)에게 패하였다. 정치적 격동기에 원나라에 갔던 문익점은 덕흥군을 지지했다는 혐의로 귀국과 동시에 파직되었다. 귀국할 때 어려움을 무릅쓰고 종자 김용(從者 金龍)을 시켜 목화(木花) 몇 송이를 따서 그 종자를 붓대롱에 넣어 가지고 돌아왔다. 장인인 정천익(鄭天益)에게 주어 3년간의 시험 재배 끝에 성공하여 전국으로 퍼지게 하였다. 목면재배(木棉栽培)의 시원(始原)이 되는 것이다. 의피생민 후직동(衣被生民 后稷同)이라는 찬사를 받으며 백성들에게 옷을 입게 하였다. 60세 때 종2품(從2品)의 경연동지사에 임명 되었으나 사직 운영에 필요한 「시무8조」를 공양왕(恭讓王)에게 올리고 영원히 관직을 떠났다.

1392年 고려가 운명을 다하자 신조에서 여러 차례 부름에도 응하지 아니하였다. 두문불출 하다가 1400년 70세로 세상을 떠났다. 사후에 태종(太宗)은 참지의정부사, 동지춘추관사(參知議政府事, 同知春秋館事) 등을 증직하고 강성군(江城君)으로 봉하면서 시호를 충선(忠宣)이라 하고 부조묘(不祧廟)를 세우도록 명을 하였다. 그리고 세종대왕(世宗大王)은 의정부 영의정(議政府領議政) 등을 추서하고 부민후(富民侯)로 추봉을 하였다.

단기 3789(1456년 세조 2)년에는 양성지(梁誠之)가 문익점(文益漸)의 공로를 들어 사우(祠宇)를 세울 것을 상소(上訴) 함으로써 출생지인 경남 산청군 강성현(江城縣)에 창건하게 되었다.

그 후 서원으로 승격되었으나 인조 14년(1636년)에 병자호란(丙子胡亂)이 일어나자 후손인 문겸(文謙)은 지금의 여주(驪州)로 이건(移建)하여 제향을 올리다가 대원군(大院君, 1868년)의 서원 철폐령으로 훼철되었다. 광복 후인 1952年에 후손인 문광규 여주경찰서장이 취임한 이후 복원(復元)하게 되었고 사당은 1987년에 재건축 된 것이라 하였다.

지금의 경상남도 산청군 단성면 남사리 일대(慶尙南道 山淸郡 丹城面 南沙里 一帶)에는 유적들이 많다. 목면시배유지, 도천서원, 면화시배사적비, 신도비각, 삼우당문익점선생묘소, 효자비각, 부민각, 문익점면화전시관(木棉始培遺址, 道川書院, 棉花始培事蹟碑, 神道碑閣, 三憂堂文益漸先生墓所, 孝子碑閣, 富民閣, 文益漸棉花展示館), 신안사재 등 문화재들이다. 진주(晉州)에서 함양(咸陽)으로 가는 길목에 조성되어 있다. 삼우당이라는 자호(自號)는 항상 국가의 어려움을 생각하고, 성리학이 보급되지 않음과 자신의 도(道)가 부족함을 부끄러워 한다는 뜻으로 후인들에게 큰 귀감이 되고 있다.

여주 매산사에는 충선공 삼우당 선생(忠宣公 三友堂先生)과 문정공 목은 이선생(文靖公 牧隱李先生) 위패를 모시고 있다. 매산사(梅山祠)가 있고 상의문, 경앙재, 경덕재, 숭모문(常義門, 景仰齋, 經德齋, 崇慕門) 사당, 내삼문, 강당, 동재, 서재, 외삼문 등이 있고 팔작지붕에 한식 골기와를 얹었다. 강당은 정면 삼간(正面 三間) 측면 삼간의 큰 건물이다. 내삼문 안에는 매산사(梅山祠)라고 사액을 단 맞배지붕에 방풍판을 시공하고 있었다. 경내 정원에는 검푸른 은행나무 등이 있고 지정번호 5-13-4-24라는 보호수 향나무가 150여 년을 지켜왔다. 하늘을 가리고 있는 등나무처럼 관리가 잘 되어 분재(盆栽)같기도 한 예술작품이다. 韓國忠孝之大國, 驪州文鄕之牧州. 驪江形勝天下稀, 四時風景披天機라는 글귀가 기억에 남는다.

늦은 점심 따끈하고 구수했던 설렁탕 향기처럼 넓은 강당 청마루에서 정성을 다하여 깔아놓은 돗자리에 앉아 열심히 경청하였다. 당일을 뒤 돌아본 회원들은 梧南 李鍾寬 변호사님을 비롯하여 甲皐 洪永杓 박사님, 瑞峰 趙徹植, 古龍 孟致德, 碧皐 張大烈, 浴川 崔章鎬, 石草 洪五善, 又仁 慶佑秀, 安一堂 李元熙, 瑩峯 吳外銖, 三又堂 張善淑, 曉谷 趙承一, 姜潤錫, 金炯守, 이상칠, 徐根奉, 최병환, 서정환, 윤석증, 최규탁, 신동춘, 최윤자, 박미녀, 魯山堂 全香阿 총무와 작가(作家)님들 그리고 필자인 佳山 任奉壎 외 여러분이 참여 하였다.

문익점(文益漸), 이색(李穡) 두 분을 함께 합사하여 기리고 있는 아름다운 고장에서 선인들의 발자취를 더듬어 살아있는 우리의 전통문화와 역사를 올바르게 익히는 기회였고, 이를 지키려는 간절한 마음을 담은 귀중한 하루였다. 최문자씨 시조를 덧붙인다.

따가운 햇살아래
그 모습 예스럽네

찾는 이 드물어도
말없이 가르치니

날마다 차려입는 옷
고마운 줄 알리라

佳山 任奉燻 씀.

268. 삼장재(三莊齋)에서

발라벌 우물과 밭
옛나라 이름하고

아버지 할아버지
뉘뉘로 오직 하나

저기 저 망석중이들
깨우치는 일이다

최중관

▲ 삼장재(三莊齋)

▲ 수산공묘(首山公墓) 앞에서

▲ 수산정

▲ 수산공 묘

268. 三莊齋(삼장재)

三莊齋在全羅南道羅州市公山面上方里金首山公追慕
삼 장 재 재 전 라 남 도 나 주 시 공 산 면 상 방 리 김 수 산 공 추 모

處也公諱子進光山人高祖諱承嗣三司左使兵馬都元帥
처 야 공 휘 자 진 광 산 인 고 조 휘 승 사 삼 사 좌 사 병 마 도 원 수

曾祖諱精奉翊大夫密直副使以謀除辛旽被禍祖諱宗衍
증 조 휘 정 봉 익 대 부 밀 직 부 사 이 모 제 신 돈 피 화 조 휘 종 연

奉翊大夫密直司使都元帥討倭賊樹功又抗新軍閥杆城
봉 익 대 부 밀 직 사 사 도 원 수 토 왜 적 수 공 우 항 신 군 벌 간 성

王元年被害考諱伯勻兵馬節度使以欲扶麗運流遠地終
왕 원 년 피 해 고 휘 백 균 병 마 절 도 사 이 욕 부 려 운 류 원 지 종

焉公家自新羅王族至高麗末爲大門閥而公以明敏之才
언 공 가 자 신 라 왕 족 지 고 려 말 위 대 문 벌 이 공 이 명 민 지 재

恭愍王時仕進禁衛司正見麗運將訖嘆曰吾是宰輔之子
공 민 왕 시 사 진 금 위 사 정 견 려 운 장 흘 탄 왈 오 시 재 보 지 자

孫而況三世俱殉節吾何忍懷他意乎遂南遯于羅州治南
손 이 황 삼 세 구 순 절 오 하 인 회 타 의 호 수 남 둔 우 나 주 치 남

非音坊築小亭曰首山又名其井曰麗井田曰麗田洞曰終
비 음 방 축 소 정 왈 수 산 우 명 기 정 왈 여 정 전 왈 여 전 동 왈 종

吾也新朝禮徵終不起守忠義大節也墓在公山面三莊山
오 야 신 조 예 징 종 불 기 수 충 의 대 절 야 묘 재 공 산 면 삼 장 산

巳坐原生卒與配位無傳焉有三男一女衷孫愼孫終孫洪
사 좌 원 생 졸 여 배 위 무 전 언 유 삼 남 일 녀 충 손 신 손 종 손 홍

九叔嗚呼首山大節兮牧圃丹心罔僕比新羅王姓後孫兮
구 숙 오 호 수 산 대 절 혜 목 포 단 심 망 복 비 신 라 왕 성 후 손 혜

高麗綱常大扶持一門節義三世兮沈那素那忠勇丕讚曰
고려강상대부지일문절의삼세혜심나소나충용비찬왈

克暑妙方探去冬　逆追麗代首山逢
극서묘방탐거동　역추여대수산봉

三莊瓦閣村中特　四尺古墳原上恭
삼장와각촌중특　사척고분원상공

田井諸名稱舊國　夷齊唱曲和新鼕
전정제명칭구국　이제창곡화신동

杜門節義丹繭裏　其孰狷心如此宗
두문절의단견리　기숙견심여차종

268. 삼장재(三莊齋)

삼장재는 전라남도 나주시 공산면 상방리에 있다. 김수산공 추모하는 곳이다. 공의 휘는 자진(子進), 광산사람이다.

고조의 휘는 승사(承嗣)요 삼사좌사 병마도원수이다. 증조의 휘는 정(精)이요, 봉익대부 밀직부사로, 신돈 제거를 모의하다가 화를 입었다. 조의 휘는 종연(宗衍)이요 봉익대부 밀직사사 도원수로 왜적을 물리치는 공을 세웠다. 또 신군벌에 대항하여 간성왕 원년에 화를 입었다. 고의 휘는 백균(伯勻)이요 병마절도사로 고려의 운을 붙들고자 하다가 멀리 귀양갔다 돌아갔다. 공의 가족은 신라왕족으로부터 고려 말에 이르기까지 대 문벌이었다. 공은 영민한 재주로 공민왕 때에 벼슬에 나가 금위사정이 되었다. 고려의 운이 다하는 것을 보고 탄식하여 말하기를 나는 재상을 보필하던 자손으로 하물며 3대에 걸쳐 순절했는데 내 어찌 차마 다른 뜻을 품겠는가 하고 남쪽 나주 비음방으로 숨어들어 조그만 정자를 지어 수산(首山)이라 이름하고, 또 그 우물을 여정(麗井), 그 밭을 여전(麗田)이라하고 마을을 종오(終吾)라 이름했다.

새 조정에서 예로써 불렀으나 끝내 나가지 않았다. 충의 대절을 지켰다. 산소는 공산면 삼장산 사좌 언덕에 있다. 나고 떠남과, 부인의 기록은 전해지지 않는다. 3남 1녀가 있으니 충손(衷孫), 신손(愼孫), 종손(終孫)이다. 사위는 홍구숙(洪九叔)이다. 오호라 수산의 큰 절개여! 목은, 포은의 붉은 마음으로 망복의 절개와 비교할만하도다. 신라 왕손의 후손이여, 고려의 삼강오륜을 크게 붙잡았도다. 한 집안의 절의가 삼대를 이었음이여, 심나, 소나의 용맹으로 크도다. 기려 노래하노니,

더위를 이기는 묘한 방법은 지난겨울을 더듬는 것인데
거슬러 고려대에 가면 수산공을 만나는도다
삼장재 기와집은 마을가운데에 특별하고
사척의 옛 봉분은 언덕위에 공손하도다
밭과 우물은 옛 나라를 칭하였고
백이숙제의 노래 소리에 새로 하답하는 북소리다
두문동의 절의가 붉고 깨끗한 속에
그 누가 굳센 고집 이와 같이 높으리오 전

소우물 솟아 흘러
밭 갈고 울 두르고

머리뫼 봉우리에
여섯 틀 이엉 걸고

할아비 아비 걸은 길
성큼성큼 따르다

벽고 장대열

내려 준 핏줄이라
한 길만 바라보며

묵직한 쇠울타리
안팎을 갈라놓고

가끔씩 나른해지면
방울 잡아 흔든다

고룡 맹치덕

오늘도 어제같이
내일도 오늘같이

아마도 모두가 다
깡그리 뒤틀려도

이름만 그대로 남아
오늘 같은 내일을

욕천 최장호

나랏일 바로 잡다
겪어본 귀양살이

켜켜이 그리움은
고려만 고집했네

울컥한 치미는 마음
시로 읊어 달래며

노산당 전향아

단 비 뒤 달려서 간
비음방 정자 자리

세 뉘가 함께 바친
그 나라 어디 갔나

다듬어 고운 잔디에
이은이들 손때만

서봉 조철식

탁 트인 눕자리에
잘 가꾼 푸른 잔디

못잊어 이름 이름
바꾸어 불러본다

할아비 아들 또 아들
의초롭다 한 집안

안일당 이원희

빼대가 어떠한데
어디에 마음 둘까

머리 뫼 새기면서
옛 이름 붙인 것은

하나를 지켜 가면서
먼 앞날을 봄일세

우인 경우수

비온 뒤 새벽길은
서늘함 겨울 같네

비단 제 숨은 얘기
머리뫼* 고려우물*

스스로 즐겨 불렀다
숨은 곳에 큰 뜻을

가산 임봉훈

---

* 머리뫼 : 首山.
* 고려우물 : 高麗井.

햇빛이 부끄러워
삿갓 쓴 늙은이가

내 하늘 내 땅에서
고사리 꺾을 때에

찬 이슬 베옷 자락에
함초롬히 적신다

오남 이종관

삼장재(三莊齋)에서

두온예순여덟 번째 한가락 모임
때 : 4345(2012)년 7월 7일, 토요일, 맑음
곳 : 삼장재 - 전라남도 나주시 공산면 상방리

행선지가 나주라 여덟시에 사당동에서 출발이다.

오늘은 특히 교우 김학이와 김은숙씨가 같이 간다고 해서 마음이 설랜다. 우리의 탐방이 유익한 배움이 많긴 하지만 초행인 사람에겐 그다지 재미있는 탐방이 아니라서 걱정도 된다. 인덕원에서 만나니 그저 반갑다. 사당동에 이르니 이선 여사님도 나오셨다. 열심히 학원을 운영하시며 공부하러 나오시는 부지런하신 분이시다. 한가락 행사에서 뵈오면 얼마나 고맙고 반가운지 모른다.

떠들썩하니 안부인사가 끝나고 나주를 향해 출발이다. 밖은 무더운데 시원한 냉방차 뒷자리에 앉아 완전 다과회다 마냥 즐겁다. 꼼꼼히 이것저것을 챙겨온 두 분, 마치 소풍 길 같다.

지루한 줄 모르게 오늘의 행선지에 도착하니, 많은 문중분들이 나오셔서 반갑게 맞이해 주셨다.

안내를 받아 오른 공의 묘소는 야트막한 동산에 뒤로 숲이 울창하고 잔디가 잘 다듬어져 정갈한 후손의 정성을 알 수 있었다. 이 묘역은 중국 명풍수가 터를 잡은 대 명당이라고 문중분께서 말씀해주시며 흐뭇해하신다. 네 분의 고려 충신이 나왔다는 명문이라 다르다는 생각이 절로 들었다. '금위사정 김공 자진지묘'라 쓰인 오래된 묘갈 뒤에는 도굴을 막기 위한 가묘가 세구나 있었다. 묘소위에는 공이 시름을 달래던 정자 수산정(首山亭)이 단청으로 아름답게 치장되어 있었고 현판 글씨가 강암선생님 글씨로

아주 시원하고 힘차게 보였다.

예를 올리고 전면 4칸 측면 4칸의 골기와 팔작지붕의 재실로 내려오니 상위엔 시원한 수박을 먹음직하게 준비해놓고 계셨다. 보기만 해도 더위가 싹 가신다. 어르신들의 배려에 고개가 숙여진다.

문중분들과 간단한 인사를 나누고 선생님께서 준비하신 자료로 수산공(首山公) 공부를 했다.

공의 휘 자진(子進)이요 광산(光山)김씨로 신라왕족(新羅王族)이다 아버지는 휘 백균(伯匀)으로 병마절도사(兵馬節度使)를 지냈으며 공은 공민왕시 벼슬이 금위사정(禁衛司正)이었으며, 고려 말에 나라가 기울자 포은(圃隱), 목은(牧隱), 야은(冶隱) 등 제현들과 의리를 지키며 나주 우정산 아래로 은적하였다. 공은 자나 깨나 고려를 잊을 수 없어 거주하는 곳을 종오(終吾)라 하고 조그만 정자를 지어 수산정(首山亭), 우물은 여정(麗井), 밭을 여전(麗田)이라고 고려를 붙여 불렀으니 고려를 잊지 못함을 이보다 더 절절히 표현할 수 있을까 싶다. 조선 태종이 신조에서 누차 불렀으나 응하지 않고 선비의 꼿꼿함을 지켜 깨끗하게 사신 대절이다.

공에게 선생님께서 지으신 시조와 한시를 읊어 올려 드렸다. 공께서도 기뻐하시리라. 이 많은 타성이 육백년이 지나 멀리서 찾아와 공을 위한 시조와 한시를 지어 읊어 드렸으니 흐뭇하시리라. 목포 식당에서 제대로 맛깔나는 한정식을 대접받았다. 찬 하나하나가 맛나다.

조상을 섬기는 소중한 마음이리라. 고맙다는 인사를 드리고 귀경길에 올랐다.

안일당 이원희 씀.

269. 사양영당(思陽影堂)에서

가을달 맑고 밝다
불러준 임이시여

결곡한 자랑이라
먼 나라 보였나니

잘골 해 구윘길에서
길래 길래 드레져

최중관

▲사양영당(思陽影堂)

▲ 사양영당(思陽影堂) 앞에서

▲ 사양영당의 먼 모습

▲ 추월재공(秋月齋公) 공부를 하며

269. 思陽影堂(사양영당)

思陽影堂在忠淸北道鎭川郡文白面思陽里李文貞公影
사 양 영 당 재 충 청 북 도 진 천 군 문 백 면 사 양 리 이 문 정 공 영

幀奉安處也公諱公升字達夫號秋月齋淸州人也始祖諱
정 봉 안 처 야 공 휘 공 승 자 달 부 호 추 월 재 청 주 인 야 시 조 휘

能希與子謙宜佐高麗太祖爲開國功臣卽公之來高祖也
능 희 여 자 겸 의 좌 고 려 태 조 위 개 국 공 신 즉 공 지 래 고 조 야

曾祖諱元審開府儀同三司祖諱仲降尙書右僕射考諱仁
증 조 휘 원 심 개 부 의 동 삼 사 조 휘 중 강 상 서 우 복 야 고 휘 인

至開府儀同三司檢校太傅以肅宗四年己卯生公自幼潁
지 개 부 의 동 삼 사 검 교 태 부 이 숙 종 사 년 기 묘 생 공 자 유 영

悟好學能屬文仁宗朝擢第直翰林院累遷右正言毅宗初
오 호 학 능 속 문 인 종 조 탁 제 직 한 림 원 루 천 우 정 언 의 종 초

轉展中侍御史奉使如金時使金者例收管下軍銀人一斤
전 전 중 시 어 사 봉 사 여 금 시 사 금 자 예 수 관 하 군 은 인 일 근

公不取一錢人服其淸毅宗嘗乘月遊淸寧齋目公曰秋月
공 불 취 일 전 인 복 기 청 의 종 상 승 월 유 청 령 재 목 공 왈 추 월

澄霽無一點塵正女公之胸中因以爲號也官歷諸華職至
징 제 무 일 점 진 정 여 공 지 흉 중 인 이 위 호 야 관 역 제 화 직 지

中書侍郎平章事嘗王於館北宮作窟室築臺飾以金玉命
중 서 시 랑 평 장 사 상 왕 어 관 북 궁 작 굴 실 축 대 식 이 금 옥 명

置酒唱和公曰功名富貴盡花下三杯驅人以爲詩讖也致
치 주 창 화 공 왈 공 명 부 귀 진 화 하 삼 배 구 인 이 위 시 참 야 치

仕後園中結茅宇穿沼築塢賓客子弟有造謁者輒以詩酒
사 후 원 중 결 모 우 천 소 축 오 빈 객 자 제 유 조 알 자 첩 이 시 주

相娛也明宗十三年癸卯卒享年八十五諡曰文貞也讚曰
상 오 야 명 종 십 삼 년 계 묘 졸 향 년 팔 십 오 시 왈 문 정 야 찬 왈

今勿奴名英傑支　新羅以後高麗蕤
금 물 노 명 영 걸 지　신 라 이 후 고 려 유

陽川山塢靈堂肅　秋月齋翁影幀祇
양 천 산 오 령 당 숙　추 월 재 옹 영 정 지

奉使如金淸白特　從王賡曲讖言錐
봉 사 여 금 청 백 특　종 왕 갱 곡 참 언 추

愛人忠信文貞諡　萬世官途模表垂
애 인 충 신 문 정 시　만 세 관 도 모 표 수

269. 사양영당(思陽影堂)

사양영당은 충청북도 진천군 문백면 사양리에 있다. 이문정공의 영정을 봉안한 곳이다.

공의 휘는 공승(公升)이요, 자는 달부(達夫), 호는 추월재(秋月齋)요, 청주사람이다. 시조의 휘는 능희(能希)요, 아들 겸의(謙宜)와 더불어 고려 태조를 도와서 개국공신이 되었다. 즉 공의 내조요, 고조이다. 증조의 휘는 원심(元審)이요, 개부의 동삼사요. 조의 휘는 중강(仲降)이요, 상서우복야라. 고의 휘는 인지(仁至)요 개부의동삼사 검교태부로 숙종 4년 기묘에 공을 낳았다. 공은 어려서부터 영민하여 배우기를 좋아하였고 문장을 잘하였다. 인종조에 과거에 올라 한림원을 거쳐 여러 번 옮겨 우정언이 되었다. 의종 초에 전중시어사가 되어 사신을 받들어 금나라로 갔다. 금나라에 사신으로 가면 예에 따라 관하군에게 은 1근을 주었으나, 공은 일전도 취하지 않았다. 사람들이 그 맑음에 감복하였다.

의종이 일찍이 달을 보고 청령재에서 놀 때에 공을 지목하여 말하기를 "가을 달이 맑고 개어서 한 점의 띠끌도 없으니, 바로 공의 마음같다." 하니, 인하여 호로 삼았다. 여러 관직을 거쳐 중서시랑평장사에 이르렀는데, 일찍이 왕이 북쪽 관북 궁에 굴방을 짓고 대를 쌓아 금과 옥으로 꾸며놓고 술을 들어 화답하게 하니, 공이 말하기를, "공명부귀가 다하는 것은 꽃 아래 석잔 술로 내모는구나." 하니 사람들이 모두 시참이라 하였다.

벼슬을 다하고 집 후원에다 띠집을 짓고 연못을 파고 언덕을 쌓았다. 손님과 젊은이들이 찾아오면 시와 술로 서로 즐거움을 삼았다. 명종 13년 계묘(癸卯)에 향년 85세에 졸하다. 시호는 문정(文貞)이다.

기려 노래하노니,

금물노란 이름은 영특한 인물로 지탱하니
신라 이후 고려에 왕성했도다
양천산 언덕에 영당이 엄숙하고
추월재옹의 영정을 공경하도다
사신을 받들어 금나라로 갈 때 청백이 특별하고
왕을 따라 화답함에 비결의 말씀 송곳이네
남을 사랑하고 충성과 믿음으로 문정의 시호를 받았으니
만세토록 벼슬길엔 모범이요 사표를 드리웠도다

맹

뜰못에 잠긴 달을
조롱박 담아 내어

해맑은 술을 빚어
벗들을 기다리니

술내음 겨운 달무리
고샅길로 내닫다

벽고 장대열

넉넉한 고을이라
푸른 솔 우뚝하고

컴컴한 어둠속에
먼 길을 보여주어

가을 달 해맑음으로
온누리를 비추네

고룡 맹치덕

하거라 이름대로
모두가 좋아하리

봄날에 피고지고
여름엔 지고피고

가을에 서늘한 바람
고른 저울 곧은 자

욕천 최장호

가을 달 높고 맑음
임의 속 마음이다

임금님 목소리로
노래를 읊어주니

밝고도 아름다워라
글의 씨앗 삼았네

노산당 전향아

맑기가 가을 달을
안팎에 보이신 임

때묻은 욕심일랑
티끌을 견딜소냐

결곡한 이자랑 길래
온누리에 드레져

갑고 홍영표

한 푼도 마다하니
가을 달 마음이라

구슬로 꾸미는 것
앗아라 가르치고

동산에 띠집 엮어서
손들 모아 즐겼네

서봉 조철식

띠집 위 가을 달빛
밝기가 고작한데

올곧은 바른 말로
가시밭 벼슬살이

하이얀 달빛 아래서
속마음을 달랜다

안일당 이원희

몸가짐 마음가짐
남에게 반듯하니

나라 안 밖에 까지
그 이름 드러났네

위에서 내린 가을 달
맑고 밝게 빛난다

우인 경우수

흐르는 물소리에
매미가 노래하고

기리는 그림자 집
온누리 밝아서라

벼슬이 좋다하여도
가난뱅이 그 이름

가산 임봉훈

깊은 골 볕바른 따
푸른 솔 우뚝하다

가을 달 맑은 이름
임금님 내리셨네

비단과 대쪽에 새겨
길이길이 남기리

오남 이종관

사양영당(思陽影堂)에서

두온예순아홉 번째 한가락 모임
때 : 4345(2012)년 8월 11일, 토요일, 맑음
곳 : 사영양당 - 충청북도 진천군 문백면 사양리

계속되는 폭염과 열대야로 잠 못 이루는 날이 이어지는 가운데 런던올림픽 축구 한・일전 경기로 꼬박 밤을 새고 집을 나섰다. 사당역에서 중관선생님을 포함한 17명의 회원이 모여 오전 9시 역사탐방지로 출발하였다.

이번 역사탐방지는 충북 진천군 문백면 사양리에 있는 문정공(文貞公) 이공승의 영정을 봉안한 사양영당(思陽影堂)이다. 진천의 명칭은 고구려에서는 금물노군, 통일신라는 흑양군, 고려는 진주, 조선은 진천현으로 지금의 진천군으로 변천해 왔다. 우리에게 널리 알려진 것은 "생거진천 사거용인(生居鎭川 死居龍仁)"으로 살아서는 진천에 머물고 죽어서는 용인에 묻힌다는 뜻이다.

옛날 효심이 깊은 형제이야기, 진천과 용인에 추천석이라는 동명이인(同名異人) 이야기 등이 있으나 용인은 산세가 순후(順厚)하여 사대부가의 묘소가 많았고, 진천은 예로부터 저수지 등 농업용 관개시설이 일찍 발달되었고 품질이 좋은 쌀이 많이 생산되어 산물이 풍성하고 인심이 좋았기 때문에 붙어진 이름일 것이다. 또한 김유신의 탄생지와 태실이 있으며 헤이그 특사로 파견되었던 이상설선생도 이곳 출신이다. 구곡리 굴티마을 앞을 흐르는 세금천에 놓인 특이한 양식의 옛 다리 진천 농교(진천 농다리)는 고려시대에 만들어진 것으로 충북 유형문화재 제28호로 지정되어 있다.

여름의 마지막 피서철인지 경부고속도로는 소형차들이 꼬리에 꼬리를 물고 이어져 있었다. 안성나들목을 나와 진천군 사양리 호암(범바위)의 표

지석을 끼고 5분쯤 들어가니 사양영당이 나왔다. 청주이씨 대종회 사무총장이신 회인(懷仁) 이덕순(李德淳)씨가 반갑게 맞이해 주셨다.

사양영당은 1726(영조 2년)년 건립되었으며 정면 3칸, 측면 1칸으로 겹처마 맞배집으로 매년 음력 3월 15일에 진천군수, 유림, 후손들이 모여 향제를 지내며 현재는 문화재로 신청 중이다. 안타깝게도 문정공의 영정을 10년 전 도난당하여 다시 영정을 복원해 봉안하고 있다. 잠시 옷깃을 여미고 참배를 한 다음 영정을 자세히 보니 수염이 아름답고 얼굴이 동안으로 젊어 보였다. 사당 뒤쪽 언덕에는 공의 5대손 문간공 이정 부부의 묘(방분)와 큰 글씨로 뚜렷하게 새겨진 묘표석, 권근이 지은 신도비 등이 있는데 충청북도 기념물 제94호 지정되어 있다.

영당관리소로 내려와 문정공에 대한 자료를 공부하였다. 중관선생님은 한가락 역사탐방에서 영당을 찾은 것은 이곳이 처음이며, 고려 무신집권기에 많은 문신들이 죽음을 당했으나 문정공이 임금의 총애를 받으며 끝까지 살아남을 수 있었던 것은 청렴결백함으로 관리들의 모범이 되었기 때문이라 강조하셨다.

공부를 마친 후 문중 할머니들이 마련한 국수로 점심을 먹었다. 푸짐하지는 않았지만 담백한 맛과 후식으로 나온 진천의 복숭아는 어찌나 맛이 있는지 회원들이 바로 복숭아를 주문하기도 하였다.

바쁘신 가운데 친절히 안내해 주신 문중에 감사를 드리고 사양영당을 출발하여 김유신의 탄생지의 유적을 둘러보고 서울로 돌아왔다.

고룡 맹치덕 씀.

270. 필분재(苾芬齋)에서

이름도 옷곳하다
꽃꽃한 선비이니

집안의 어른 도와
꾀 많이 빛났었고

귀양 온 땅에 터잡아
젊은이들 키웠네

최중관

▲ 필분재(苾芬齋)

▲ 필분재(苾芬齋) 앞에서

▲ 변중군사정공 공부를 하며

▲ 변중군사정공 묘(邊中軍司正公墓)

270. 苾芬齋(필분재)

苾芬齋在全羅南道長城郡長城邑長安里邉中軍司正公
필 분 재 재 전 라 남 도 장 성 군 장 성 읍 장 안 리 변 중 군 사 정 공

追慕處也公諱靜黃州人高祖諱訥歷參知政事判侍中曾
추 모 처 야 공 휘 정 황 주 인 고 조 휘 눌 역 참 지 정 사 판 시 중 증

祖諱碩承奉郎通禮門祗侯有文行祖諱遷遊擊將軍左右
조 휘 석 승 봉 랑 통 례 문 지 후 유 문 행 조 휘 천 유 격 장 군 좌 우

衛保勝中郎將考諱承俊正順大夫判典客寺事妣扶寧張
위 보 승 중 랑 장 고 휘 승 준 정 순 대 부 판 전 객 시 사 비 부 령 장

氏中顯大夫護軍堅女以生公自幼穎敏以忠孝信義爲庭
씨 중 현 대 부 호 군 견 녀 이 생 공 자 유 영 민 이 충 효 신 의 위 정

訓及長官侍衛司中軍司正以王室外戚有威略從叔大京
훈 급 장 관 시 위 사 중 군 사 정 이 왕 실 외 척 유 위 략 종 숙 부 경

畿右道兵馬使光秀累立戰功及叔父爲辛旽所誣貶于三
기 우 도 병 마 사 광 수 루 립 전 공 급 숙 부 위 신 돈 소 무 폄 우 삼

陟公遂坐謫于長城因置亭玆山日吟哦自適而爲後進肄
척 공 수 좌 적 우 장 성 인 치 정 자 산 일 음 아 자 적 이 위 후 진 이

業之所厥後子孫世守玆亭講學于斯習藝于斯代出許多
업 지 소 궐 후 자 손 세 수 자 정 강 학 우 사 습 예 우 사 대 출 허 다

名人卽今之永思亭也及麗運訖自然赦後新朝屢徵終不
명 인 즉 금 지 영 사 정 야 급 려 운 흘 자 연 사 후 신 조 루 징 종 불

起杜門絶世堅守不事二君之心民到于今稱之高風峻節
기 두 문 절 세 견 수 불 사 이 군 지 심 민 도 우 금 칭 지 고 풍 준 절

也墓在長安里後內洞粉土嶝子坐之原配高峰高氏高城
야 묘 재 장 안 리 후 내 동 분 토 등 자 좌 지 원 배 고 봉 고 씨 고 성

君呂女墓在長安內洞丑坐之原有二男孝友秀東也讚曰
군 여 녀 묘 재 장 안 내 동 축 좌 지 원 유 이 남 효 우 수 동 야 찬 왈

蟋蟀野中鳴稍微　南行千里一齋巍
실 솔 야 중 명 초 미　남 행 천 리 일 재 외

苾芬楣號停車舝　神道碑銘堅節誹
필 분 미 호 정 차 할　신 도 비 명 견 절 비

從叔樹功嚴略大　杜門絶世高風輝
종 숙 수 공 엄 략 대　두 문 절 세 고 풍 휘

築亭講學諄新進　回復萬年青史威
축 정 강 학 순 신 진　회 복 만 년 청 사 위

270. 필분재(苾芬齋)

필분재는 전라남도 장성군 장성읍 장안리에 있다. 중군사정공 추모하는 곳이다. 공의 휘는 정(靜)이요, 황주인이다. 고조의 휘는 눌(訥)이요, 참지정사판시중을 지냈다. 증조의 휘는 석(碩)이요, 승봉랑통예문저후이다. 문장으로 이름이 났었다. 조의 휘는 천(遷)이요, 유격장군좌우위보승중랑장이다. 고의 휘는 승준(承俊)이요, 정순대부판전객시사였다. 어머니는 부령장씨로 중현대부호군 견(堅)의 따님으로 공을 낳았다. 공은 어려서부터 영민하고 충성과 효도, 신의로 가정교훈을 삼았다. 자라면서 벼슬이 시위사중군사정이 되었다. 왕실의 외척으로 큰 지략이 있어, 경기도 병마사 광수(光秀)인 숙부를 따라 여러 번 큰 전공을 세웠다. 숙부께서 신돈에 모함을 받아 벼슬이 깎여 삼척으로 귀양을 갔다. 공께서도 장성으로 귀양을 갔다. 정자를 자산에다 얽고 날마다 시를 읊으며 후진양성에 힘썼다. 그 후 자손이 대대로 이 정자를 지키

며 학업을 강론하며 예를 익히니 이름 있는 선비가 많이 나왔다. 즉 지금 영사정(永思亭)이다. 고려의 운이 다하자 자연히 용서한 뒤 새 조정에서 여러 번 불렀으나 나가지 않고 문을 닫고 세상과 끊고 불사이군의 마음을 지켰다. 백성들이 지금에 이르도록 높고 맑은 절개라 칭한다. 산소는 장안리 뒤 내동 분토 자좌(子坐) 언덕에 있다. 부인은 고봉고씨로 고성군 여의 딸이다. 묘소는 장안 내동 축좌(丑坐) 언덕에 있다. 2남이 있으니 효우(孝友), 수동(秀東)이다. 기려노래하노니,

들에 귀뚜라미 울음소리 차츰차츰 작아지고
남행 천리 길에 한 재각이 높도다
필분재 현판 이름 한 수레 멈춘 걸쇠요
신도비명 굳은 절개 향기로움이로다
숙부를 따라 공을 세우던 책략이 큰데
문을 닫고 세상과 끊으니 고풍이 빛나도다
정자를 얽어 강론하며 신진들을 키우니
회복하리로다 만년의 청사의 위엄을 전

짬짜미 뒤엉키고
고스락 뉘누리에

미르내 언덕 기슭
터잡아 가르친 글

솔대밭 내음 짙을까
선잠든 달 낚는다

벽고 장대열

알맞은 꾀를 내어
비바람 막아내고

갈림길 우뚝 서서
아이들 깨우치니

대숲 속 부는 바람에
임의 내음 가득해

고룡 맹치덕

어떻게 어찌할까
일어나 일어설까

남아서 꽃피운다.
그 앞날 끌고 간다

가다가 또 다시 가면
겨울지난 봄날이

욕천 최장호

한 여름 맑은 바람
스침이 옷곳한데

좋은 꾀 나라 위해
앞장서 펼치면서

다락엔 글동무 모아
바로 보라 이르며

노산당 전향아

이름도 내음 좋다
올곧은 선비시니

집안의 어른 도와
싸움에 꾀 더했네

귀양 온 땅에 터 닦아
새 일꾼을 키웠네

갑고 홍영표

큰 바람 몰아치고
하늘 땅 뒤집더니

어른과 지키려던
옛 나라 잊지 못해

가르쳐 큰 일꾼 내니
오늘 여기 좋은 날

서봉 조철식

아늑한 눕자리가
솔숲에 시원하다

참 말에 귀양간 터
어진이 키워 냈네

이은이 불차 만들어
나라 구한 큰 집안

안일당 이원희

밝은 빛 밝게 폄이
선비의 길이로다

집안의 어른 쫓아
나라에 큰일하고

귀양 온 터에 살아도
젊은이를 키웠네

우인 경우수

서늘한 산허리재*
깊숙한 구름 골짝

우뚝한 기와지붕
아이돌* 향기롭다

숨어산 큰 뜻 늙은이
굳게 지켜 베풀고

가산 임봉훈

---

* 산허리재 : 岬城.
* 아이돌 : 童子.

임 찾아 즈믄 마 길
푸른 대 깊은 숲속

터잡아 얽어놓고
글소리 낭랑하다

수많은 어진이들이
이어이어 골 잘 해

오남 이종관

필분재(苾芬齋)에서

두온일흔 번째 한가락 모임
때 : 4345(2012)년 9월 1일, 토요일, 흐린 후 맑음
곳 : 필분재 - 전라남도 장성군 장성읍 장안리

오늘은 전라남도 장성군에 있는 고려말 절신(節臣)인 변정(邉靜)의 유적지인 필분재(苾芬齋)를 탐방하러 간다. 장성군은 장성읍 1개와 10개의 면으로 구성되어 있다. 백두대간 호남정맥의 서쪽 기맥인 노령과 병풍산 줄기가 병풍을 치고 있는 장성군은 영산강 유역에서 가장 유로가 긴 황룡강을 비롯하여 고막원천, 풍영정천, 진원천의 상류지역에 있다. 따라서 산기와 수세가 잘 조화를 이룬 산자수려한 고을이다. 최근에 장성에는 8경이 있는데, 백양사, 축령산 휴양림, 장성호, 남창계곡, 홍길동생가, 필암서원, 입암산성, 금곡영화촌이 그것이다.

답사기에 앞서서 선생님의 강의 내용을 중심으로 변정(邉靜)의 행장을 요약한다. 변정(邉靜)의 행장을 먼저 기록한 것은, 4세손되는 망암(望菴) 변이중(邉以中, 1546~1611)의 역사적 업적과 유적이 너무 웅장하여, 변정(邉靜)의 사적이 묻혀질 것 같기 때문이다.

변정(邉靜)은 고려 말엽에 벼슬이 중군사정(中軍司正)에 올랐다. 숙부가 되는 변광수(邉光秀)를 따라서 여러 전투에서 탁월한 책략으로 승리하여, 조정의 신망이 두터웠다. 그러나 고려 말 신돈이 권력을 장악했을 때, 무고에 얽혀서 변광수는 삼척으로 귀양갔다는 기록을 마지막으로 종적을 알 길이 없게 되고, 변정(邉靜)도 함께 연루되어 지금의 장성에 내려오게 되었고, 황주(黃州)를 본관으로 하는 일가의 시조가 된다. 변정(邉靜)은 장성에 내려와, 마을에 있는 자산(玆山)에 영사정(永思亭)을 세우고 후학들을 양성하였

다. 고려가 망한 후에 신조정에서 여러 번 불렀으나 불사이군의 절개로 일생을 마감하였다. 산소는 장안리(長安里) 마을 안쪽 언덕에 자좌지원에 있다. 필분(苾芬)이라는 말은 시경에 등장하는 구절로, 글을 잘하여 그 향기가 매우 아름답다는 뜻이다. 필분재(苾芬齋) 안에는 많은 한시 액자들이 걸려 있는데 그 중에 한글로 된 시액도 걸려 있어서 특별한 느낌을 주었다.

평소처럼 오전 일곱 시에 사당역을 출발하여, 기흥휴게소에서 아침을 먹고 길을 재촉한다. 며칠 사이에 두 개의 태풍이 지나갔다. 볼라벤과 덴빈이다. 열매를 맺어 익어가는 시기에, 큰 피해를 입었다는 보도가 계속되고 있다. 유별나게 무더웠던 여름을 식혀준 덕도 있지만 커다란 손해를 끼친 자연의 변화에 경이로울 뿐이다. 차창 밖으로 보이는 산에, 나무들이 부러지고 뿌리가 뽑힌 것들이 자주 보인다. 전라도로 접어들면서 배밭 과수원에는 달려있는 하얀 봉투보다는 바닥에 딩구는 봉투가 더 많다. 곧 추석도 닦아오는데 치솟을 물가가 걱정된다. 인삼밭도 무너지고 비닐하우스도 쓰러져 흉물스러운 모습이 안타깝다.

차 안에서 고룡(古龍)이 범세동이 지은 화동인물총기를 강독한다. 다음 시간에는 화동인물총기 강독이 끝난다고 한다. 이렇게 차내에서 시작한 공부가 결과를 맺은 것이다. 대략 10여년 정도 지났다고 생각된다. 내용은 가실과 설씨녀의 나머지 이야기와 노미부부의 이야기, 그리고 만육당의 후설 등이다.

가실과 설씨녀는 억울하게 헤어졌다가 다시 만났으나, 설씨는 가실의 모습이 너무 피폐하여 알아보지 못하다가, 서로 약속한 거울을 가지고 확인하고 성례를 올리고 어미를 잘 봉양한 것으로 비교적 무난하게 끝났다. 그러나 가실과 설씨녀가 당한 고생이 왜 시작되었으며 그 원인에 대한 당시 사람들의 깊은 성찰은 보이지 않는다. 설씨가 부모가 정한 곳에 혼인을 하지 않고, 명을 거역하여 불효를 범하였다는 내용이다.

다음은 도미(都彌)와 을씨(乙氏)의 이야기이다. 이야기의 주제는 을씨가 매우 아름다운 여자이고 또한 절개도 뛰어나다는 것이다. 당시 백제의 개루왕이 을씨의 미모에 혹하여 을씨를 유혹하려고 사람을 보내어 궁녀를 삼을 것이라고 하니, 자기의 몸종을 보내어 화를 면하게 된다. 이에 왕이 속은 것을 알고 크게 화를 내어, 도미의 눈을 빼버리고 배에 태워 멀리 보냈다. 그리고 을씨를 강제로 범하려고 하니 을씨가 달거리를 핑계하다가, 도망하여 강가에 이르러 하늘에 빌었더니 배가 와서 을씨를 싣고 가니, 그 곳에 도미가 있어서 함께 고구려로 도망가서 일생을 마쳤다는 내용이다. 이 내용은 삼국사기와 삼국유사에도 기록이 있으며, 약간의 차이가 있다.

나는 이 글을 공부하면서 이 글이 왜 을씨의 절개를 칭찬하는 글이 될까 하는 생각이 든다. 을씨를 더 이상 견딜 수 없는 수렁에 빠트리고 거기에서 헤어나오기를 기대하는 것은 정당한 시험이나, 절개의 유무를 판단하는 시련이 아니다. 피할 수 없는 불가항력의 시련을 만들고 피하라고 하고 그것을 윤리의 척도로 삼는 것은, 천리를 깨뜨리는 행위로 비난받아야 될 것이다. 가장 평범한 가정을, 막강한 왕의 권력으로 짓밟고, 무고한 사람을 해친 것으로 봐서 왕권력의 포악성과 탐욕의 인간성을 개탄하는 내용이어야 한다고 생각한다. 후설에 참가한 만육당이 제기하는 효불효(孝不孝), 열불열(烈不烈), 즉 효와 효 아닌 것의 구분과, 절개와 절개 아닌 것을 판별하는 문제가 아닌 것이다. 아마도 범세동이나 만육당도 당시의 사회적 관습에 젖어서 사고의 범위를 넓히지 못하였거나 문제의 핵심을 파악하지 못한 것으로 짐작할 수 있다. 또는 정해진 주제에 이야기를 짜 맞춘 내용이거나, 그냥 전해오는 이야기를 기록했는지도 모른다. 이런 사고가 조선조에 들어와서 삼강과 오륜의 범례로 회자되고, 여자들의 절개를 찬양하면서 열녀를 만들고, 효를 강조하는 기틀이 되었을 것으로 짐작한다. 대단히 잘못된 사고라고 여겨진다. 사회적 이념을 이끌어 낼 때는 명분과 당위성이 중요한 기준이 되어야 한다. 지금부터 대략 600년 전의 사고방식이다.

다음에는 서봉이 단군기사(檀君記事)를 강독한다. 이 글은 오늘로 종료한다. 참 큰일을 해냈다.

글의 내용은 우리가 역사의 지평을 만주와 요동으로 확장할 때에 - 지금은 우리 사회의 어느 곳에서도 아무런 소리도 들리지 않는다 - 중국이 동북공정을 진행하여 만주와 요동이 처음부터 자기들의 역사에 속한다고 하면서, 우리가 주장하는 단군의 역사(고조선의 역사)를 부인하는 내용이다. 즉 단군이라는 것은 실재하는 것이 아니고 설화적 또는 신화적인 것이라는 주장이다. 마지막에는 문설(聞說)이라는 말로 끝을 맺으면서 떠도는 이야기로 취급해 버린다. 우리가 정신을 잃고 권력다툼이나 경제만을 중시하고 역사를 무시하는 생활을 계속한다면, 우리의 역사는 잠식되고 말 것이다. 지금은 오천 년의 역사를 자랑하지만, 이제는 천 년의 역사를 공부해야 되고, 역사찾기와 바로세우기는, 소리없는 아우성이 될 것이다. 세종이 만든 최고의 한글이 얼마나 학대받고 있는가. 세계화라고 말하면서 관광 한국의 실천을 위한다는 명분으로 전철에 오르면 알지도 못하는 안내방송에 오히려 내가 외국에 온 것처럼 낯설다.

12시가 되어서 봉암서원(鳳巖書院)에 도착하였다. 봉암서원은 6개의 건물과 2개의 문으로 전학후묘(前學後廟)의 배치로 이루어진 우람한 서원으로 전라남도 기념물 제54호로 지정되어 관리한다. 봉암(鳳巖)은 노령산맥의 하나인 입암산의 한 줄기가 광덕산과 성미산, 구봉산 등을 거쳐 봉암산이 되니 그 모양이 봉명조양(鳳鳴朝陽)이라고 하여 붙여진 이름이다. 봉암서원은 망암(望菴) 변이중(邊以中, 1546~1611)의 학문과 애국정신, 덕행을 기리고 후진을 양성하기 위해 세운 서원이다. 변이중은 조선 중기의 문신이나, 군시전략에도 밝아 임진왜란과 정유재란에 큰 공을 세웠다. 특히 총통화전도설(銃筒火箭圖說)과 화차도설(火車圖說) 등을 지었으며 직접 화차 300량을 제작하고, 행주대첩에 40량을 제공하여 승리의 원동력이 되었다. 실제로 치우(蚩尤)의 모습이 그려진, 전시된 화차를 보며 뛰어난 재주에 감탄했다. 우리는 그냥 임진란이라고 말하지만 당시의 백성들은 얼마나 고생했을까, 그리고 전쟁에 승리하기 위하여 얼마나 노력했는가를 느낄 수 있는 관람이었다.

우리는 봉암서원(鳳巖書院) 참배 후에 변정(邊靜)의 산소로 이동하여 예를 표하고 필분재(苾芬齋)에서 준비된 자료를 가지고 공부를 하였다. 1시 즈음에 황룡강가에 있는 식당으로 이동하여 점심을 먹었다.

문중에서 우리를 위하여 안내를 담당해 주셨다. 전 성균관 유도회장 변

온섭(邉瑥燮)님, 봉암서원 총무 변영석(邉永錫)님, 현 황주변씨 회장 변병연(邉炳淵)님, 전 황주변씨 회장 변일섭(邉日燮)님의 노고에 감사드린다.

식사 후 2시 30분경에 서울로 출발하여 대략 7시 경에 도착하였다. 함께 탐방한 20명 참석자들의 이름은 아래와 같다.

참석회원 : 선생님(최권흥), 갑고(홍영표), 고룡(맹치덕), 욕천(최장호), 서봉(조철식), 가산(임봉훈), 우인(경우수), 안일당(이원희), 노산당(전향아), 강운석, 이한국, 이상칠, 최문자, 서정원, 신동춘, 김형수, 안재신, 최병한, 김두식, 그리고 글쓴이 벽고(장대열).

변온섭(邉瑥燮)님의 차운시를 덧붙인다.

次 讚苾芬齋韻

長城千里道稀微　訪問斯齋讚響巍
深謝高麗探究赫　飽聞書塾隱功馡
吾韓古跡因玆朗　各地新風賴此輝
眞史藏箱多不顯　東天發堀振聲威

장성가는 천리길은 희미하기만 한데
필분재를 방문하여 찬양함이 높았도다
고려사 탐구의 빛난 업적 깊이 사례하고
서숙의 숨은 공이 향기로움 포문했네
우리나라 고적들이 이로인해 밝아지고
각 지역의 새바람이 이로 힘입어 빛나리
참된 역사 감춰진 것 안보임이 많을터니
동천서숙에서 발굴하여 위성을 떨치니라

벽고 장대열 씀.

271. 전서공묘(典書公墓)에서

쇠북을 울리면서
밥 먹던 집안이라

까아만 원숭이해
모든 것 내던지고

깊은 뜻 보여줬으니
저패걸음 몇이랴

최중관

▲ 전서공 묘(典書公墓)

▲ 전서공묘(典書公墓) 앞에서

▲ 전서공 묘비

▲ 전서공 공부를 하며

271. 典書公墓(전서공묘)

典書公在墓大田廣域市東區大別洞公姓朴諱元象順天
전 서 공 재 묘 대 전 광 역 시 동 구 대 별 동 공 성 박 휘 원 상 순 천

人也始祖高麗開國功臣三重大匡公英規其後失傳以高
인 야 시 조 고 려 개 국 공 신 삼 중 대 광 공 영 규 기 후 실 전 이 고

麗寶文閣大提學諱淑貞起一世卽公之考也大提學公嘗
려 보 문 각 대 제 학 휘 숙 정 기 일 세 즉 공 지 고 야 대 제 학 공 상

爲關東存撫使所建有臨瀛鏡浦臺又有高城三日浦四仙
위 관 동 존 무 사 소 건 유 임 영 경 포 대 우 유 고 성 삼 일 포 사 선

亭也典書公生麗末居懷德龍興里世稱鐘鳴鼎食之家也
정 야 전 서 공 생 여 말 거 회 덕 용 흥 리 세 칭 종 명 정 식 지 가 야

墓初葬於公州地山內山多里也公自少好學能文以歷華
묘 초 장 어 공 주 지 산 내 산 다 리 야 공 자 소 호 학 능 문 이 역 화

職至工曹典書及壬申變易投紱歸鄕隱居杜門自靖與密
직 지 공 조 전 서 급 임 신 변 역 투 불 귀 향 은 거 두 문 자 정 여 밀

直司使高大祥司宰令鄭蹈中正大夫徐仲輔漁隱李守仁
직 사 사 고 천 상 사 재 령 정 도 중 정 대 부 서 중 보 어 은 이 수 인

漁逸閔由誼大護軍金佇贊成事金銅稱麗末八靖也有四
어 일 민 유 의 대 호 군 김 저 찬 성 사 김 동 칭 여 말 팔 정 야 유 사

男首生長生安生易生也安生之孫彭年卽死六臣也公之
남 수 생 장 생 안 생 이 생 야 안 생 지 손 팽 년 즉 사 육 신 야 공 지

長姪天祥都僉議侍中當變革期與二子可興可權終守不
장 질 천 상 도 첨 의 시 중 당 변 혁 기 여 이 자 가 흥 가 권 종 수 불

事二君之心哉噫一門四節兮順天朴門哉節義庭訓兮忠
사 이 군 지 심 재 희 일 문 사 절 혜 순 천 박 문 재 절 의 정 훈 혜 충

正公忠節哉大田廣域市文化財資料第四十二號也讚曰
정 공 충 절 재 대 전 광 역 시 문 화 재 자 료 제 사 십 이 호 야 찬 왈

高士遺墟何不虞　一車南向比豐驅
고 사 유 허 하 불 우　일 거 남 향 비 풍 구

龍興里上傳言特　大別村中古墓孤
용 흥 리 상 전 언 특　대 별 촌 중 고 묘 고

堅節典書麗末屹　義風庭訓鮮初芋
견 절 전 서 여 말 흘　의 풍 정 훈 선 초 우

文財指定全持裏　淸狷芳香萬代揄
문 재 지 정 전 지 리　청 견 방 향 만 대 유

271. 전서공묘(典書公墓)

전서공묘는 대전광역시 동구 대별동에 있다. 공의 성은 박이요 이름은 원상(元象)이요, 순천사람이다. 시조는 고려개국공신 삼중대광공, 영규(英規)로 그 후손은 실전되어 전해지지 않고, 고려보문각대제학 이름은 숙정(淑貞)으로써 1세를 삼았다. 즉 공의 아버지이시다. 대제학공은 일찍이 관동존무사가 되었다. 임영에 경포대를 세웠고, 또 고성 삼일포에 사선정을 세웠다. 전서공은 고려 말에 태어나 회덕 용흥리에 살았으니 세상에서 칭하기를 '종을 울려 식구들을 먹이는 집이다'라고 했다. 산소는 처음 공주 지산내 산다리에 있었다. 공은 어려서부터 배우기를 좋아하여 문장에 능하였고, 좋은 직책을 지나 공조전서에 이르렀다. 임신년 변역에 이르러 인끈을 풀고 고향으로 내려가 은둔하며 문을 닫고 조용히 보냈다. 밀직사사 고천상 (高天祥), 사재령 정도(鄭蹈), 중정대부 서중보(徐仲輔), 어은(漁隱) 이수인(李守仁), 어일(漁逸) 민유의(閔由誼),

대호군 김저(金佇), 찬성사 김동(金銅)과 더불어 여말 팔정이라 칭했다. 사남을 두었으니 수생(首生), 장생(長生), 안생(安生), 이생(易生)이다. 안생의 후손은 팽년(彭年)으로 즉 사육신이다. 공의 장조카 천상(天祥) 도첨의 시중은 변혁기를 당하여 두 아들 가흥(可興), 가권(可權)과 더불어 끝내 불사이군의 마음을 지켰다. 오호라 한 가문의 4명이 절개를 지킴이여 순천박씨의 문중이로다. 절개와 의리의 가훈의 가르침이여 충정공의 충절이로다. 대전광역시 문화재 자료 제42호이다. 기려 노래하노니,

높은 선비 남긴 터에 어찌 근심이 없으리오마는
한 수레 남으로 향하니 비풍으로 달리는구나
용홍리 마을 저 위에 전해지는 말씀이 특별하고
대별리 마을가운데에 옛 무덤이 높다랗구나
굳은 절개 전서공은 여말에 높았고
의풍의 가훈은 선초에도 컸도다
문화재로 지정되어 온전하게 전하는 속에
맑은 절개 꽃다운 향기 만대토록 드날리로나 [전]

푸서리 너덜겅길
여덟이 함께 걷고

한밭골 시린 가을
돈이곡 붉어붉어

푸르른 노래 한가락
넝쿨 감겨 오르다

벽고 장대열

오랜 날 아름다운
나라를 지켜왔다

그들은 억지말로
아침의 나라라고

오늘도 어제와 같이
어둠으로 먹먹타

욕천 최장호

우렁찬 북소리에
아들 딸 일어나고

아버지 두팔 걷어
이 저리 살피시니

옳은 길 바로 사는 길
가르치는 몸놀림

노산당 전향아

믿음을 쇠북 쳐서
이어온 집안이라

검은 빛 잔나비 해
떼 노름 보기 싫어

오늘은 맑고 밝은 땅
한밭골에 쉰다네

갑고 홍영표

서리 철 다가온데
다른 골 찾는 마음

거슬러 인끈 풀고
옛골로 숨어 들어

함께한 여덟 곧은이
서리보다 더 차다

서봉 조철식

쇳소리 메아리가
온 집안 울려 퍼져

한밭의 늪자리에
갈햇살 넉넉하다

고약한 검은 구름떼
지는 해를 그린다

안일당 이원희

쇠 북쳐 때 알리며
다락을 세운집안

조카와 그 두 아들
곧은 뜻 함께 하며

한 문을 크게 드러내
멀리 멀리 비춘다

우인 경우수

한밭 골 동쪽 끝에
옛 무덤 빛나는데

종 울려 밥먹는 집
이끼 돌 자랑한다

잔나비 해 인끈 던진
여덟 선비 함께 해

가산 임봉훈

어버이 가르침이
뛰어난 집안으로

아들의 그 아들에
한 집안 아홉 큰 별

이 나라 떳떳한 벼리
심어놓고 가꿨네

오남 이종관

전서공묘(典書公墓)에서

두온일흔한 번째 한가락 모임
때 : 4345(2012)년 10월 13일, 토요일
곳 : 전서공묘 - 대전광역시 동구 대별동

역사탐방을 가는 날이면 일어나 으레 창문부터 열어본다. 특히 오늘은 친구 광숙이가 외국에서 다니러 온 친구 이난옥씨와 같이 가기로 해서 마음이 더 쓰인다. 서둘러 집합장소인 사당역에 나가 친구를 만나 차에 올랐다. 이선 여사도 오셨고, 반가운 분들과 인사를 나누다보니 차는 어느새 대전을 향해 달린다. 스쳐가는 누런 벌판을 보시며, 황금물결 치는 논을 보면 그냥 마음이 좋다며 보기만 해도 배부른 것 같다는 이선여사님 말씀에 어려운 시절을 겪으신 어른의 이 마음을 우리 아이들은 알까싶어 고개를 끄덕였다.

산에는 이른 단풍이 들어 눈도 즐겁고 날씨도 좋은데 이십여 년을 함께 해온 동심들과의 동행이 기분 좋고 상쾌하다.

행락객으로 차가 좀 밀려 11시에 죽전 휴게소에서 잠깐 차 한 잔을 마신 후 또 달려 열두시가 넘어 남대전에 도착하니 문중회장님, 총무 두 분이 마중을 나오셨다. 안내를 받으며 마을로 올라가 산골길을 따라 10분 정도 걸어서 고속도로 바로 위에 위치해 조금은 시끄러울 것 같은 공의 산소로 올라가 참배를 마치고, 사진촬영을 한 후 바로 식당으로 내려가 공부를 했다.

공은 순천박씨(順天朴氏)인 휘(諱) 원상(元象)이시며 전서공(典書公)으로 고려개국공신삼중대광(高麗開國功臣三重大匡) 휘(諱) 영규(英規)의 후손으로 그 후에 실전되었다고 한다. 보문각대제학(寶文閣大提學))을 지낸 휘(諱)

숙정(淑貞) 一世는 바로 공의 아버님이시라 한다. 전서공의 아버지 대제학은 관동존무사(關東存撫使)로 계실 때 경포대(鏡浦臺) 고성 삼일포 사선정(三日浦 四仙亭)을 세운 분으로 학덕이 높고 풍류를 아시는 멋진 분이셨던 것 같다. 공은 고려 말 회덕 용흥리(懷德 龍興里)에서 태어났으며 공의 집은 세칭 종명정식(鐘鳴鼎食)의 집안으로 종을 울려 다 같이 밥을 먹었다는 우애있는 화목한 집안이었다고 한다.

전서공은 어릴 때부터 학문을 좋아했으며 벼슬이 높은데 까지 올라 전서공에 이르렀으나 임신변역(壬申變易)이 일어나자 벼슬을 버리고 고향으로 내려와 은거했다고 한다. 밀직사사 고천상(高天祥) 사재령 정도(鄭蹈) 중정대부 서중보(徐仲輔) 어은 이수인(李守仁) 어일 민유의(閔由誼) 대호군 김저(金佇) 찬성사 김동(金銅)과 교유하였으며 이분들과 더불어 여말팔정(麗末八靖)이라 불리었다고 한다.

이분은 네 아드님 首生, 長生, 安生, 易生을 두셨는데 안생(安生)의 손자되시는 분이 우리가 잘 아는 사육신의 한분이신 박팽년(朴彭年)이시다.

선생님께서는 공의 장조카인 천상(天祥) 도첨의시중(都僉議侍中)과 그 아들 가흥(可興), 가권(可權) 또한 불사이군의 절개를 끝까지 지킨 분들로 일문사절(一門四節)의 대단한 집안이라고 몇 번을 강조하신다.

선생님께서 준비한 자료로 공부를 마치고 선생님께서 찬하신 한시와 시조를 읊어 드리고 문중에서 준비해주신 푸짐한 점심을 맛나게 들었다. 준비해주신 문중 어른들께 감사의 말씀을 올리고, 길이 막힐 것 같아 세시반에 서둘러 귀경길에 올랐다.

안일당 이원희 씀.

272. 모선재(慕先齋)에서

그렇게 다리에서
날벼락 만나기냐

뒤따라 가야겠다
아니돼 외로우면

먼 뒷날 우리 서로들
또 할 일이 있다네

최중관

▲ 모선재(慕先齋)

▲ 덕은공묘(德隱公墓) 앞에서

▲ 덕은공 묘

▲ 덕은공 공부를 하며

272. 慕先齋(모선재)

慕先齋在忠淸北道忠州市牧杏洞崔德隱公追慕處也公

모 선 재 재 충 청 북 도 충 주 시 목 행 동 최 덕 은 공 추 모 처 야 공

諱原儒字仲賢忠州人高祖諱公義判圖判書藝文閣大提

휘 원 유 자 중 현 충 주 인 고 조 휘 공 의 판 도 판 서 예 문 각 대 제

學中原伯曾祖諱洌宗簿寺判事祖諱沃門下侍中考諱伯

학 중 원 백 증 조 휘 열 종 부 시 판 사 조 휘 옥 문 하 시 중 고 휘 백

淸門下侍郞妣安東金氏以忠惠王四年癸未生公自少好

청 문 하 시 랑 비 안 동 김 씨 이 충 혜 왕 사 년 계 미 생 공 자 소 호

學以忠孝爲庭訓及長重節義與牧圃隱交遊以儒林領袖

학 이 충 효 위 정 훈 급 장 중 절 의 여 목 포 은 교 유 이 유 림 령 수

歷寶文閣直提學密直承翊右常侍出爲榮州縣尹杆城王

역 보 문 각 직 제 학 밀 직 승 익 우 상 시 출 위 영 주 현 윤 간 성 왕

四年四月聞善竹橋悲報亦飮藥絶命謚曰忠獻配中原郡

사 년 사 월 문 선 죽 교 비 보 역 음 약 절 명 시 왈 충 헌 배 중 원 군

夫人徐氏下從墓在忠州牧杏里美力谷艮坐之原乾位合

부 인 서 씨 하 종 묘 재 충 주 목 행 리 미 력 곡 간 좌 지 원 건 위 합

祔嘗知榮州縣時圃隱贈詩于公曰焉用牛刀宰武城絃歌

부 상 지 영 주 현 시 포 은 증 시 우 공 왈 언 용 우 도 재 무 성 현 가

政化摠聞名忽懷當日三君子過此踟躊不敢行又有惕若

정 화 총 문 명 홀 회 당 일 삼 군 자 과 차 지 주 불 감 행 우 유 척 약

齋金九容贈詩二絶句曰世途名利雜恩讎染指年來只自

재 김 구 용 증 시 이 절 구 왈 세 도 명 리 잡 은 수 염 지 년 래 지 자

尤今日一樽禪榻畔對君聊洗客中愁泛舟一葉遂輕驅兩

우 금 일 일 준 선 탑 반 대 군 료 세 객 중 수 범 주 일 엽 수 경 구 양

岸青山杜若洲莫向漁磯停短棹秋風吹送故鄉愁哉讚曰
안 청 산 두 약 주 막 향 어 기 정 단 도 추 풍 취 송 고 향 수 재 찬 왈

霜降季秋山野佳　國原陽地一高齋
상 강 계 추 산 야 가　국 원 양 지 일 고 재

飛檐瓦屋慕先號　古墓碑銘忠節牌
비 첨 와 옥 모 선 호　고 묘 비 명 충 절 패

善友贈詩親致賀　竹橋悲報自歸骸
선 우 증 시 친 치 하　죽 교 비 보 자 귀 해

交遊牧圃儒林領　當代官途師表楷
교 유 목 포 유 림 령　당 대 관 도 사 표 해

272. 모선재(慕先齋)

모선재는 충청북도 충주시 목행동에 있다. 최덕은공을 추모하는 곳이다. 공의 휘는 원유(原儒)요, 자는 중현(仲賢) 충주사람이다.

고조의 휘는 공의(公義)요, 판도판서 예문각대제학 중원백이었다. 증조의 휘는 열(洌)이요, 종부시판사이다. 조의 휘는 옥(沃)이요, 문하시중이다. 고의 휘는 백청(伯淸)이요, 문하시랑이었다. 어머니는 안동김씨이다. 충혜왕 4년 계미에 공을 낳았다. 공은 어려서부터 공부하기를 좋아하여 충과 효로 가훈을 삼았다. 자라면서 절의를 중히 여겼다. 목은, 포은과 더불어 교류하며, 유림의 영수로 꼽혔다. 보문각직제학을 지나 밀직승익우상시였고, 나가 영주현윤이 되었다. 간성왕 4년 4월 선죽교의 비보를 듣고 또한 약을 마시고 절명하였다. 시호는 충헌이다. 부인은 중원군부인 서씨인데 남편을 따라 절명했다. 산소는 충주 목행리 미력골 간좌의 언덕에 남편과 함께 합장하였다. 일찍이 영주현을 맡았을

때에 포은이 공에게 시를 주었으니,

어찌 소 잡는 칼을 쓰리오 무성을 다스리는 데에
거문고를 타며 정치를 교화시켰으니 이름이 알려지도다
문득 당일의 3군자를 생각하노니
이곳을 지나면서 머뭇거리며 감히 갈 수가 없도다

또 척약재 김구용의 시 2수가 있었으니 말하기를,

세도는 이름에 이익과 은혜와 원수가 섞여있으니
과분한 이익을 얻으려 했으니 다만 스스로 허물이로다
금일에 술 한 잔을 절 옆에서 기울였더니
그대를 대하여 에오라지 객들의 깊은 근심을 씻노라

쪽배를 띄우니 갈매기 따르고
청산 두약주 언덕에 짝하도다
낚시터를 향하지 말라 돛대를 멈추고
추풍이 불어 고향생각을 보내도다

기려 노래하노니,

늦은 가을 산과 들이 아름다운데
충주 땅 양지엔 한 재실이 우뚝하도다
나는 듯한 처마 기와집엔 모선이란 이름이 드날리고
옛 무덤 비석엔 충절을 드러냈도다

좋은 벗은 시를 주어 친히 치하하고
선죽교의 비보를 듣고 스스로 절명했도다
목은 포은과 교류하던 유림의 우두머리였으니
당대의 벼슬길에 사표요 법이었도다 [전]

선비로 우두머리
걸음도 앞서 나가

돌다리 엉킨 자국
올곧은 내 벗이여

그 자리 함께 하련다
애오라지 한 길만

벽고 장대열

컨컨이 다지어서
한 때를 이끌었고

그리도 아팠던가
붉은 피 토해내니

온 뫼를 사르는 불꽃
함께하여 좋아라

고룡 맹치덕

안개 낀 하늘아래
날벼락 웬 말인가

우리들 서로서로
맘 걱정 살펴보며

동무들 그런 일이랑
바위산의 붉은 솔

욕천 최장호

먼저 간 벗 생각에
쓴 약을 마셨더니

뒤이어 가시버시
따르는 또 다른 벗

이제는 네모 눕자리
팔베개로 누웠네

노산당 전향아

그 모진 날벼락을
혼자서 만나리오

내라서 벗하겠소
곧 따라 함께하리

이리해 우리 서로는
못다한 일 하리라

갑고 홍영표

첫 서리 흩뿌린 날
미륵골 물어 가니

약사발 마신 이는
누워서 말이 없네

약으로 못 고치는 몸
큰 절 받고 나을까

서봉 조철식

도린곁 솔수풀에
네모난 눕자리라

애와쁜 유무 속에
뒤따른 가시버시

저 위에 서서 보리라
밝아오는 아침을

안일당 이원희

곧은 이 뒤따르며
말없이 남기신 뜻

대나무 서리 같아
푸르고 차디차다

몸으로 남기신 말씀
귀에 아직 쟁쟁해

우인 경우수

살구꽃 마을얘기
네모난 눕자리라

대나무 다리 소식
따라서 떠난 세상

기린이 어련하여라
잊을 수가 있으랴

가산 임봉훈

넘치는 사랑 담은
노래는 남았는데

들리는 슬픈 기별
가슴을 찢는구나

비바람 어두운 길을
어찌 홀로 보낼꼬

이승에 남은 시름
버리고 떠나간다

임 만나 뵈옵는 날
다지고 다짐할 제

일곱 번 다시 태어나
붉은 뜻을 이루리

오남 이종관

모선재(慕先齋)에서

두온일흔두 번째 한가락 모임
때 : 4345(2012)년 11월 3일, 토요일, 맑음
곳 : 모선재 - 충청북도 충주시 목행동

단풍놀이에 딱 알맞은 11월의 첫 번째 맞이하는 토요일이다. 많은 사람들이 화려한 등산복 차림의 들떠있는 모습은 그 자체가 알록달록 단풍이다. 특히 이곳 사당역은 수많은 사람들이 오가는 만남의 장소로서 오늘따라 더 많은 사람들이 이용하는 것 같다. 우리 한가락 모임도 9번 출구에서 9시에 출발하기로 하였으니 남들이 보면 모두 단풍놀이 가는 줄 알고 있을 것이다.

오늘 참석자는 중관선생님, 갑고, 벽고, 고룡, 서봉, 가산, 우인, 욕천, 안일당, 오남선생, 최병환, 강윤석, 안광숙, 오정숙, 이선여사, 신동춘, 서정환, 박종숙여사까지 함께하시니 다른 날 보다 참석인원이 많아서 기쁘다.

일성은 연세가 많으신 문중 어른께서 수원에서 기다리고 계셔서 수원을 들러서 모시고 가야했다. 수원을 거쳐 가는 차는 더디게 움직인다. 한 시간을 걸쳐서 수원을 들렀으니 오늘 일정은 그만큼 시간적인 긴장감이 생겼다. 한참 만에 수원에 도착, 드디어 어른을 모시고 달리는 차창 밖은 화려한 가을 옷을 입은 산천이 멋진 손을 흔들며 인사하고 있다. 12시 30분 재실에 도착하니 감나무엔 까마귀밥으로 붉은 감 몇 개 남겨놓고, 자식을 다 떠나보낸 과실나무의 쓸쓸한 미소랄까, 품안의 자식을 다 키워 제 갈 길로 보내고 앙상한 가지만 남아 있는, 그래서 쓸쓸해 보이는 착각은 혼자만의 망상일게다. 제 할 일 다 한 뒷모습을 멋지게 보아주자.

산소에 오르니 넓은 자리에 커다란 방분으로 자리 잡은 고려제도의 산소

라서 한가락 회원들은 박수를 치며 기뻐하고 있다. 잘 지켜주신 문중분들께 다시 한 번 고마움을 느끼며 산소에 참배를 올리고 재실을 찾았으나 문이 잠겨있어 공부할 수가 없었다. 미리 연락을 했음에도 불구하고 시골 사람들과의 소통에서 문제가 발생한 것일까 제대로 준비되어 있지 않았다. 우리는 점심시간도 되었기에 식당으로 가서 점심을 먼저 하고, 주인의 양해를 구하고 그곳에서 공부를 하였다.

우렁찬 목소리로 강의를 해주시는 중관선생님의 사랑에 머리 숙여 감사를 올린다.

"최덕은공은 충주 사람으로 휘는 원유(原儒)요, 자는 중현(仲賢)이다." 라고 시작되는 강의를 듣고 충절을 기린 중관선생님의 시조를 다같이 읊어 올리고 서둘러 귀경길에 올랐다.

오늘도 맑은 날씨에 좋은 강의를 들었으니, 남다른 하루였다.

노산당 전향아 씀.

273. 추원재(追遠齋)에서

아버지 가르침에
나라를 생각했고

멀리로 귀양살이
뒤따라 모시면서

물과 불 겨루는 사이
일떠서다 횃손이

최중관

▲추원재(追遠齋)

▲ 추원재(追遠齋) 앞에서

▲ 전부윤공 묘(田府尹公墓)

▲ 전부윤공 공부를 하며

273. 追遠齋(추원재)

追遠齋在忠淸南道扶餘郡石城面鳳亭里田府尹公追慕
추 원 재 재 충 청 남 도 부 여 군 석 성 면 봉 정 리 전 부 윤 공 추 모

處也公諱得雨南陽人考諱杜原名王康仕江寧府丞當麗
처 야 공 휘 득 우 남 양 인 고 휘 주 원 명 왕 강 사 강 녕 부 승 당 려

末發非王氏者則不可爲王之論以言甚剛切被劾及新朝
말 발 비 왕 씨 자 즉 불 가 위 왕 지 논 이 언 심 강 절 피 핵 급 신 조

爲公州牧官奴流馹新驛俄而被禍後以孫子之功復權贈
위 공 주 목 관 노 류 일 신 역 아 이 피 화 후 이 손 자 지 공 복 권 증

寶文閣直提學守僉議政丞因爲創姓立貫之祖也公生於
보 문 각 직 제 학 수 첨 의 정 승 인 위 창 성 립 관 지 조 야 공 생 어

麗末遵奉嚴親之忠則盡命精神以精進經學及壬申變易
려 말 준 봉 엄 친 지 충 즉 진 명 정 신 이 정 진 경 학 급 임 신 변 역

杜絶世事又侍奉流配生活之嚴親而已矣但於新祖以水
두 절 세 사 우 시 봉 류 배 생 활 지 엄 친 이 이 의 단 어 신 조 이 수

火相剋之敵愾心對處也後以子之功追贈嘉善大夫漢城
화 상 극 지 적 개 심 대 처 야 후 이 자 지 공 추 증 가 선 대 부 한 성

府尹配鄭氏爲貞夫人墓在石城縣牛昆面月外山合祔某
부 윤 배 정 씨 위 정 부 인 묘 재 석 성 현 우 곤 면 월 외 산 합 부 모

年月日緬現波鎭山麓亥坐原賜碑準禮葬忠淸南道地方
년 월 일 면 현 파 진 산 록 해 좌 원 사 비 준 례 장 충 청 남 도 지 방

文化財記念物第二十五號指定也有一男興初家門沒落
문 화 재 기 념 물 제 이 십 오 호 지 정 야 유 일 남 흥 초 가 문 몰 락

以爲家奴猶含淚以堅志接近權力至二十三歲以王子之
이 위 가 노 유 함 루 이 견 지 접 근 권 력 지 이 십 삼 세 이 왕 자 지

亂爲佐命元從功臣賜名田興也貫南陽江寧古號也讚曰
란 위 좌 명 원 종 공 신 사 명 전 흥 야 관 남 양 강 녕 고 호 야 찬 왈

南國城中何寶眞　一車停策古墳珉
남 국 성 중 하 보 진　일 거 정 책 고 분 민

方形麗制氣風特　禮葬賜碑書字彬
방 형 려 제 기 풍 특　례 장 사 비 서 자 빈

庭訓誠忠成自我　遠從配所侍嚴親
정 훈 성 충 성 자 아　원 종 배 소 시 엄 친

狖年變易雖相剋　前道吾門能耐礹
유 년 변 역 수 상 극　전 도 오 문 능 내 흔

273. 추원재(追遠齋)

추원재는 충청남도 부여군 석성면 봉정리에 있다. 전부윤공 추모처이다. 공의 휘는 득우(得雨)요 남양인이다. 고의 휘는 주(柱)요 본래 이름은 왕강(王康)이다.벼슬은 강녕부승이다. 고려 말을 왕씨가 아닌 자는 즉 가히 왕을 할 수가 없다는 논의가 일어남에 심히 간절히 강하게 하다가 탄핵을 입어 새 조정에 이르러 공주목관노가 되어 일신역으로 유배되었다가 얼마 뒤 피해를 입었다. 뒤에 손자의 공으로 복권되어 보문각직제학 수첨의정승으로 증직되었다. 인하여 성을 만들고 관향을 세워 시조가 되었다. 공은 여말에 태어나서 엄친의, 충성으로 명을 다하라는 정신을 받들고 따라 경학에 정진하였다. 임신년 변역에 이르러 문을 닫고 세상과의 일을 끊었다. 또 유배생활의 엄친을 모시었다. 다만 새 조정에는 물과 불처럼 상극이 되어 적개심으로 대처하였다. 뒤에 아들의 공으로 가선대부 한성부윤으로 추증되었다. 부인 정씨는 정부인이

되었다. 산소는 석성현 우곤면 월외산에 합장되었다. 모년 모월 모일에 면례하여 오늘날 파진산 기슭 해좌원이다. 장례식은 나라에서 내려준 법으로 하였다. 충청남도 지방 문화재 기념물 제 25호로 지정되었다. 1남을 두었으니 흥(興)이다 처음 가문이 몰락함으로써 가노가 되었다가 눈물을 머금고 견고한 뜻을 세워 권력에 접근함으로써 23세에 왕자의 난에 좌명원종공신으로 전흥(田興)이라는 이름을 받았다. 관향은 남양인데 강령의 옛 이름이다. 기려 노래하노니,

남쪽나라 성 가운데에 어떤 보배가 참인가
한 수레 책찍을 멈추니 옛 무덤의 비석돌이로다
네모난 고려제도의 기운이 특별한데
예법으로 빗돌을 받았으니 새긴 글 빛나도다
성충을 가훈으로 스스로 자신을 세웠고
귀양길에 오른 어버이를 모시었도다
원숭이해 변역에 비록 상극이었으나
앞길의 우리가문 능히 어려움 견디어 내리로다

전

해바실 빗돌 글에
검푸른 이끼 덮혀

품어둔 푸른 얘기
켜켜로 쌓았다가

모꼬지 여믄 가락에
길라잡이 세우다

벽고 장대열

찌르는 말 한마디
나락에 떨어지고

어버이 받들어서
물불로 살았으니

매서운 겨울 바람도
날이 새면 그치리

고룡 맹치덕

싫다고 말한다고
떨어진 바닥이라

한 살림 지나가니
끊긴 듯 다시 이어

옛일을 그리는 마음
새옷처럼 잘 맞다

욕천 최장호

귀양길 당한 설움
내 어찌 잊으리오

입술을 앙다물던
아들이 되찾으니

새로이 이름 새겨서
한 집안을 세웠네

노산당 전향아

나라를 받들려면
목숨을 바치라던

아버지 모시면서
귀양길 따랐으며

물과 불 겨루는 사이
한 집안을 되일궈

갑고 홍영표

아드님 벼슬 하니
물 속의 불이로다

귀양간 아버지를
받들어 모셨으니

두어 뉘 충효 했으면
새 이름이 당하지

서봉 조철식

둘레돌 곧게 세운
아늑한 네모자리

아버지 귀양처에
섬기며 나라 걱정

이은이 큰 뜻 받들어
집안 더욱 빛냈다

안일당 이원희

아버님 가르치심
어떻게 잊을소냐

땔 섶위 자리 잡고
입 물고 다짐하며

어려운 일 끝내 풀어
되돌렸네 한집안

우인 경우수

반달 재 높은 다락
곧은 돌 벌려 있고

임금이 내린 예장*
이끼 담 꾸며 놓고

나라님 섬기는 마음
어버이께 못 하리

가산 임봉훈

* 예장(禮葬) : 예로써 장사지내게 함.

솔서울 해가 지고
뫼마루 슬픈 노래

사나운 오얏바람
하늘땅 휩쓰누나

이 집안 어린 목숨들
어찌 용케 지켰니

오남 이종관

추원재(追遠齋)에서

두온일흔세 번째 한가락 모임
때 : 4345(2012)년 12월 1일, 토요일, 맑음
곳 : 추원재 - 충청남도 부여군 석성면 봉정리

9시에 사당역을 출발했다. 날씨가 매우 춥다. 겨울이 갑자기 찾아 왔나 보다. 버스에 오르니 전 좌석에 안전띠를 매라고 한다. 잘하는 일이다. 일상적이면서 소홀하게 생각하던 일들이 점차 생활로 자리매김하는 것이다. 25명이나 되는 많은 사람들이 참석했다. 특히 문중의 전중호님께서 처음부터 우리와 함께 탐방에 참여하셔서 길라잡이를 하신다.

오늘의 행선지는 부여(夫餘)다. 부여라고 하면 밝은 느낌보다는 스산하고 고즈넉한 느낌이 먼저 떠오른다. 백마강이니, 낙화암이니 하는 단어들이 처량하게 다가온다. 지금까지 사람들에게 회자되는 백마강이나 낙화암은, 역사적 사실 단어는 아니지만 오히려 역사보다 더 가까운 의미를 간직해 버렸다.

부여군의 역사적 배경을 살펴보면, 백제26대 성왕이 국가 중흥의 원대한 뜻을 품고 산수가 수려하며, 생활여건이 풍요로운 사비(부여)로 도읍을 옮긴 후, 123년간 국력 신장과 활발한 외교활동을 펼쳐 고대문화를 꽃피웠고, 충효, 개척 정신을 뿌리내린 역사문화의 고장이다. 그 후 신라와 고려, 조선을 거쳐 일제강점기에 부여군에 통합(16개면)되었다가, 1960.1.1에 부여읍으로 승격(1읍15면)하여 현재에 이른다.

석성면 봉정리는 백제 때는 진악산현에 속했으며 신라 때는 석산현에 속했었다. 백제가 부여에 천도하기 전에는 남쪽 들과 연관된 야산지대에 인류가 정착하기 시작하여 취락을 형성하였으며, 백제 말기에는 백제군의

주둔지였고, 성을 쌓아 관리하여, 석성이라는 이름을 얻었다고 한다. 백제 멸망 후 많은 사람들이 전원지대에 자리를 잡음에 따라 큰 길목으로 등장한 봉정리 남부 금강에 큰 나루터가 생기며 많은 사람이 오고가는 기점이 되었다.

10시 반쯤에 망향휴게소에 들렀다가 다시 고속도로로 진입하여 논산-천안간 민자고속도로를 통과하여, 11시 40분경에 서논산나들목으로 나와서 부여쪽으로 향하였다. 석성1리 마을회관옆을 통과하는데 정한모(鄭漢模) 시인 생가라는 표시글이 나타난다. 마을 안길을 지나 네 마장쯤을 나아가니 멀리 재실과 산소가 보였다.

12시가 조금 넘어서 추원재(追遠齋)에 도착하였다. 재실은 사람이 살지 않고 빈 집이어서 황량하였다. 주택에는 사람이 살아야 하는데, 살 사람이 없단다. 재실 입구에는 우람한 빗돌이 3개가 서 있다. 추원재(追遠齋) 뒤 파진산(破陣山) 기슭에 산소가 있다. 파진산(破陣山)은 전우치(田禹治)가 산신에게 비결을 얻어 도술을 공부하여, 술명(術名)이 빛났다고 전해지는 곳이다. 전우치(田禹治)는 중종 때 서울에서 미관말직을 지내다가, 사직하고 송도에 은거하며 도술가(道術家)로 널리 알려졌다. 백성을 현혹시켰다는 죄로 옥사했는데, 뒤에 친척들이 이장하려고 무덤을 파보니 시체 없이 빈 관만 남아 있었다고 한다. 최근에 영화화되면서 이름이 널리 알려진 인물이다.

이 묘역은 한국사적(韓國史蹟)에 희귀(稀貴)한 유적이다. 묘와 묘역은 화강석(花剛石)으로 된 장사각(長四角) 내외합봉(內外合封), 석관봉분(石棺封墳), 이단호위담(二段護衛담), 방풍석벽(防風石壁), 용봉용미(龍鳳龍尾), 석비장묘(石鼻葬墓), 이단위호석(二段圍護石), 판석(板石), 석상(石像)과 하사비문석(下賜碑文石) 등으로 구성되어 있다. 하사비의 입석년도는 선덕 2년 정미 3月 초8日로, 이는 서기 1427년(조선 세종 9년) 3월 8일이다. 하사비문이라고 단정하여 판명한 근거는 전득우의 배위 정씨를 田得雨 配 贈貞夫人 鄭氏라고 표기하지 아니하고 田得雨 妻 贈貞夫人 鄭氏라고 配位를 妻로 표기한 것이다. 이는 禮葬 時에 王으로부터 비와 비문을 하사받을 때 配位

를 妻 字로 표기하기 때문이다. 묘 비문에 田得雨 妻라고 표기한 것은 왕만이 신하의 배위에게 사용할 수 있는 문구이다. 母親이나 祖母, 또는 부인이 사망하였을 때에는 子孫이나 夫君은 妻라고 표기할 수 없으며 통상적으로 配 또는 配位라고 통칭하므로 이는 王이나 국가로부터 받은 下賜碑임을 확실하게 증명하고 있다. 문화재 전문위원과 역사학자의 정밀분석 결과에 의하면 墳墓狀況과 묘비의 진실성으로 볼 때에, 고려 말부터 조선 초기 사이에 높은 벼슬을 지낸 高官大爵의 예장 묘로, 葬墓 文化를 엿볼 수 있는 문화재적 가치가 매우 높은 묘소와 묘비라고 평가하였고, 지방문화재 기념물 25호로 지정하였다(1980. 10. 23).(daum 전득우편에서 발췌).

1시가 넘어서 부여읍에 있는 식당으로 옮겨서 식사 후 공부를 하였다. 문중에서 유사를 보는 전정호님이 서동한우 식당에서 점심을 대접해 주셨다. 감사드린다.

오늘 공부한 내용을 요약한다.

전득우(田得雨)는 본관이 남양(南陽)이고 추증벼슬이 한성부윤(漢城府尹)이었다. 아버지 전주(田柱)는 남양(南陽)의 시조가 된다. 전득우(田得雨)는 임신변역(壬申變易)에 아버지의 유배지에서 생활하면서 두절세사하며 신조정에 적개심을 간직하였다. 그러나 아들인 전흥(田興)이 좌명공신(佐命功臣)에 책봉되면서 가계가 전해지게 된다. 전득우(田得雨)의 묘는 원래 석성현(石城縣) 우곤면(牛昆面) 월외산(月外山)에 있었는데, 어느 때 현재의 파진산(破陣山)에 면례(緬禮)하였다. 좌명공신(佐命功臣)이란 조선시대 태종이 즉위한 직후인 1401년(태종 1) 1월에 책봉한 공신으로 태종의 집권에 공이 컸던 인물들을 좌명공신으로 봉했다.

3시 반에 식당을 출발하였다. 추수가 끝난 텅빈 벌판을 바라보고 잎이 떨어져 벌거벗은 나무들을 보는 듯, 느끼는 듯 하는데, 갑자기 오늘의 시조가 구절구절 떠오른다. 7시가 넘어서 서울에 도착하였다. 한 해를 지나는 감회를 느끼기도 전에, 다음 역사탐방을 가기로 약정하고 헤어졌다. 밤이라 더욱 추운 것 같다.

참석자 - 中觀(崔權興), 甲皐(洪永杓), 古龍(孟致德), 魯山堂(全香阿), 瑞峯(趙徹植), 浴川(崔章鎬), 佳山(任奉壎), 又仁(慶佑秀), 安一堂(李元熙), 梧南(李鍾寬), 강운석, 정성심, 박수경, 신동춘, 최문자, 이종명, 박종숙, 오외수, 이병한, 안광숙, 김두식, 이한국, 김형수, 이칠상.

碧皐 張大烈 씀.

274. 쌍명재(雙明齋)에서

해와 달 온 누리에
밝은 빛 비추듯이

고작한 사랑으로
이름도 내리시니

일곱 벗 이어읊으리
자지러진 가락들

최중관

▲ 쌍명재(雙明齋)

▲ 쌍명재(雙明齋) 앞에서

▲ 쌍명재공 단

▲ 쌍명재공 공부를 하며

274. 雙明齋(쌍명재)

雙明齋在慶尙南道宜寧郡富林面丹原里李雙明齋公追
쌍 명 재 재 경 상 남 도 의 령 군 부 림 면 단 원 리 이 쌍 명 재 공 추

慕處也公諱仁老初諱得玉字眉叟又號靑蓮臥陶軒仁川
모 처 야 공 휘 인 로 초 휘 득 옥 자 미 수 우 호 청 련 와 도 헌 인 천

人曾祖諱䫨門下侍郞平章事祖諱彦林工部尙書右僕射
인 증 조 휘 오 문 하 시 랑 평 장 사 조 휘 언 림 공 부 상 서 우 복 야

考諱伯仙左尙侍妣崔氏門下侍郞平章事奭女以高麗毅
고 휘 백 선 좌 상 시 비 최 씨 문 하 시 랑 평 장 사 석 녀 이 고 려 의

宗六年壬申生公幼而穎悟早失父母僧家保育聰明過人
종 육 년 임 신 생 공 유 이 영 오 조 실 부 모 승 가 보 육 총 명 과 인

武臣亂後還俗明宗十年文科進桂陽管記歷史館翰林院
무 신 란 후 환 속 명 종 십 년 문 과 진 계 양 관 기 역 사 관 한 림 원

神宗時禮部員外郞高宗初秘書監右諫議左諫議大夫高
신 종 시 예 부 원 외 랑 고 종 초 비 서 감 우 간 의 좌 간 의 대 부 고

宗七年庚辰卒於松都紅桃井第享年六十九也善草隷書
종 칠 년 경 진 졸 어 송 도 홍 도 정 제 향 년 육 십 구 야 선 초 예 서

能文以有腹藁之稱與林椿吳世才趙通黃甫抗咸淳李湛
능 문 이 유 복 고 지 칭 여 임 춘 오 세 재 조 통 황 보 항 함 순 이 담

之交忘年之友曰江左七賢也嘗翰林時奉王命獻元夕之
지 교 망 년 지 우 왈 강 좌 칠 현 야 상 한 림 시 봉 왕 명 헌 원 석 지

燈夕詩曰風細不敎金燼落更長漸見玉虫生須知一片丹
등 석 시 왈 풍 세 불 교 금 신 락 갱 장 점 견 옥 충 생 수 지 일 편 단

心在欲助重瞳日月明明宗賜號雙明齋也著書有銀臺集
심 재 욕 조 중 동 일 월 명 명 종 사 호 쌍 명 재 야 저 서 유 은 대 집

雙明齋集破閑集西河先生集配慶州崔氏永濡女也讚曰
쌍 명 재 집 파 한 집 서 하 선 생 집 배 경 주 최 씨 영 유 녀 야 찬 왈

昔日何人能律文　南馳停轡一齋懃
석 일 하 인 능 률 문　남 치 정 비 일 재 근

雙明扁號筆端銳　追慕碑銘麗士芬
쌍 명 편 호 필 단 예　추 모 비 명 려 사 분

奉命獻詩三易善　忘年交友七賢云
봉 명 헌 시 삼 이 선　망 년 교 우 칠 현 운

竹林高會興江左　腹藁風流震兌醺
죽 림 고 회 흥 강 좌　복 고 풍 류 진 태 훈

274. 쌍명재(雙明齋)

쌍명재는 경상남도 의령군 부림면 단원리에 있다. 이쌍명재공 추모처이다. 공의 휘는 인로(仁老)요, 처음 휘는 득옥(得玉), 자는 미수(眉叟)였다. 또 호는 청련, 와도헌(靑蓮, 臥陶軒)이요 인천사람이다. 증조의 휘는 오(䫨)요, 문하시랑 평장사요, 조의 휘는 언림(彦林)이요 공부상서우복야요 고의 휘는 백선(伯仙)이요, 좌상시이다. 어머니는 최씨로 문하시랑평장사 석(奭)의 딸이다. 고려 의종(毅宗) 6년 임신(壬申)에 공을 낳았다. 공은 어려서부터 영특하였다. 일찍이 부모를 여의고 승가에서 보호를 받았다. 총명함이 뛰어나 보통사람을 넘었다. 무신란 뒤에 환속하였다. 명종(明宗) 10년에 문과하여 계양관기에 나갔고 사관 한림원을 지나 신종때 예부원외랑이 되었다. 고종(高宗)초에 비서감 우간의 좌간의대부요 고종 7년 경진에 송도 홍도정집에서 졸하니 향년 69세였다. 초서와 예서를 잘 썼고 문장에 능하여 복고라 칭함이 있어 임춘(林椿), 오세

재(吳世才), 조통(趙通), 황보항(黃甫沆), 함순(咸淳), 이담지(李湛之)와 더불어 나이를 잊고 벗으로 지냈다. 말하기를 강좌칠현이라 했다. 일찍이 한림시에 왕명을 받들어 원석지등석 시에 말하기를,

미풍으로 하여금 금등잔의 불꽃이 꺼질 듯 말 듯
다시 불꽃이 점점 커지니 옥충이 보이는구나
모름지기 일편단심의 마음이 있으니
순임금 때의 해와 달이고자 하노라

명종이 쌍명재란 호를 지어주었다. 저서가 있으니 은대집과 쌍명재집, 파한집, 서하선생집이 있다. 부인은 경주최씨 영유(永濡)의 딸이다. 기려 노래하노니,

옛날에 어떤 사람이 시문에 능하였는고
남으로 말을 달리니 한 재실 은근하도다
쌍명재란 편액은 단아하고 예리하게 새겼고
추모비명엔 고려선비의 꽃다움이 써있네
명을 받아 시를 드리니 세 가지를 잘하였고
나이를 잊고 벗을 사귀니 칠현이라 이르네
죽림의 높은 모임에 강좌칠현을 일으켰으니
풍류를 뱃속에 담아두어 동서가 다 취하였네 [전]

뱃속에 가득찬 글
붓따라 흘러나고

대숲에 죽대 일곱
두툼한 이야기들

작벼리 낚시 드리워
술로 빚는 나달아

벽고 장대열

푸른 뜻 펼치리라
넉넉한 글재주로

겹겹이 막힌 누리
술과 벗 달래면서

그리던 복사꽃 언덕
꿈속에나 보련다

고룡 맹치덕

봄 여름 가을 겨울
해와 달 함께 하듯

우리의 노랫소리
보인다 끊임없이

참결이 어둠 끝까지
밝음으로 숨쉰다

욕천 최장호

하늘엔 일곱 큰 별
땅에도 어진 일곱

보는 이 가슴 울린
크나큰 사나이들

어렵던 그 때의 일은
나달진들 잊으랴

노산당 전향아

잘 보고 잘 알아서
잘 쓰는 솜씨에다

햇덩이 달덩이로
내리신 밝은 이름

일곱 벗 나이를 잊고
대숲에서 읊조려

갑고 홍영표

호롱불 밝게 켜고
일곱 분 어진이들

눈 떠라 밝히거라
모로매 붉은 마음

이마에 두 밝은 큰집
새로 이름 생기니

서봉 조철식

새해의 온누리가
새하얀 임 뜻이라

밝히리 해와 달로
내리신 귀한 이름

참 가락 일곱 어진이
읊어본다 붉은 맘

안일당 이원희

해와 달 밝은 듯이
힘써서 밝히리라

위에서 그 뜻 알고
이름도 내렸구나

일곱 벗 속 풀은 노래
길이길이 울린다

우인 경우수

보름달 밝은 저녁
글 솜씨 벌여졌네

임금의 두 눈동자
밝다는 이름하고

물 건너 대숲 사람아
함께 놀자 했거늘

가산 임봉훈

홰나무 홀로 서서
어진이 지키노니

두 밝음 높은 이름
임금님 내리셨네

달 뜨고 술 익었으니
일곱 벗님 읊는다

오남 이종관

쌍명재(雙明齋)에서

두온일흔네 번째 한가락 모임
때 : 4346(2013)년 1월 5일, 토요일, 맑음
곳 : 쌍명재 - 경상남도 의령군 부림면 단원리

오늘은 올해 들어 처음 맞이하는 한 가락 역사 탐방 가는 날로, 고려 말엽 무인 정권 시대를 살았던, 쌍명재 이인로 선생의 유적을 찾아 가는 날이다. 전에도 얘기 했지만, 한가락은 매월 한 번씩 역사 탐방을 가며, 올해는 그 이십삼 년 되는 해로, 오늘은 그 이백일흔네 번째가 된다.

올 겨울 들어 우리나라는 북쪽에서 발달한 차가운 고기압의 영향으로 근 삼십 여년 만에 가장 추운 날씨를 기록하고 있단다. 오늘도 날씨가 제법 쌀쌀하다. 부지런히 서둘렀지만 아침 시간은 왜 그리 빨리 가는지 겨우 시간에 맞춰 도착 했다. 사당동 집결지에 도착 했을 때, 몇몇 회원은 이미 대기 중인 버스에 타고 있었고, 몇몇 회원이 이어 이르고 선생님이 오시고, 8시가 조금 지나 차는 오늘의 목적지 의령을 향해 출발 했다.

오늘 참석 하신 분은 선생님을 위시하여 갑고, 서봉, 초계, 문광, 신동춘, 욕천, 서정환, 형봉, 노산당, 고룡, 가산, 벽고, 김두식님, 안일당, 필자 등 열여섯 사람이다.

차창은 입김으로 뿌옇게 흐려져 있어 밖은 보이지 않는다. 서초나들목을 통해 경부선으로 올라선 차는 달리는 정도가 꽤 원활하니, 아직은 붐빌 시간은 되지 않았나 보다. 남으로 달려 9시가 조금 지나 천안휴게소에서 볼일도 보고 한숨 돌리기 위해 잠시 쉬어 갔다. 다시 출발하고 고룡이 전에부터 해오던 화동인물총기의 뒷부분 여말 변혁기 어려운 시절 의로운 선비들의 의로운 처신을 기록한 대목의 강의가 있었다. 이어 서봉 선생님의

중국인이 본 한국사 강의가 이어 졌다. 내용은 맥수가로 맥수가가 지어질 당시의 정치적 배경과 맥수가가 지어질 당시 사람들에 끼친 영향, 그리고 당시 풍경과 작자의 심경이 후세 시가를 짓는 사람에게 전범(典範)을 제공한다는 내용이었다. 차는 경부고속도로에서 당진 상주간 고속도로로 들어서서 서쪽에서 동쪽으로 달린다. 11시 조금 지나 상주 낙동기점을 지나고 중부내륙고속도로로 접어들고 이제 기온이 조금 올라 밖이 조금씩 보인다. 사방은 온통 눈으로 덮여 있다. 멀리 창령 대합 산업단지라는 푯말이 보이고 얼마를 더 나아가다 차는 창령나들목을 통해 고속도로를 빠져 나왔다. 그리고 삼십여 분을 더 달려 부림면 면소재지에 이르렀다.

시골의 면 소재지는 7~80년식 건물들이 옛 정취를 풍기며 우리를 맞이해 주었다. 회원들은 모두들 아침에 일찍 출발했기 때문에 많이 시장할 때가 되었고, 여기는 시골이라 더 들어가면 식당도 마땅치 않아, 우리는 여기서 점심을 해결해야 했다. 우리가 둘러서 찾아간 식당은 이곳 문화식당으로, 시간이 좀 흐른 듯한 장판에 약간 색이 바랜 벽지, 홀에 피어 있는 연탄난로가 시간을 과거로 되돌려 놓은 듯, 시간이 좀 된 정취를 풍기고 있다. 우리는 이 집에서 내온 미나리와 무채, 우엉, 오징어 채무침 등 여러 반찬을 곁들인 닭 육개장으로 맛있는 점심을 먹었다. 그리고 서둘러 다시 차에 올라 오늘의 목적지 쌍명재(雙明齋)를 찾아 나섰다.

쌍명재(雙明齋)는 거기서 10여 분 정도 거리에 있었다. 마을 입구에 버스 정류장 앞에 경로당이 그 건너에 '온정루(溫鼎樓)'라고 조그만 정자가 있고, 거기서 조금 멀리 쳐다보이는 높은 곳에 재실(齋室) '쌍명재(雙明齋)'가 있다. 재실(齋室)은 주산(主山)을 배경으로 눈이 덮여 편안히 펼쳐 있는 안산(案山)을 바라보며, 맨 뒤에 쌍명재(雙明齋) 이인로 선생의 단(壇)이 모셔져 있고, 그 앞으로 왼쪽에 쌍명재(雙明齋) 비각(碑閣), 그리고 그 옆에 쌍명재(雙明齋) 증손의 비각(碑閣), 그리고 그 왼쪽엔 의봉재(儀鳳齋)가 그 오른쪽에는 새로 지은 쌍명재(雙明齋)가 있다.

쌍명재(雙明齋)는 선생이 살았던 시대가 고려시대이고, 그 시절 도읍이 개성(開城)이니, 그 유적(遺跡)이 마땅히 이북에 많이 남아 있겠으나, 여기에 있는 후손들이 20여 년 전 선생의 업적을 기려 뜻을 모아 건립하게 되었다고 한다. 쌍명재(雙明齋)는 전면 네칸, 측면 두칸 팔작지붕의 겹처마로, 처마 밑에는 해서(楷書)로 커다랗게 쓴 쌍명재(雙明齋)란 현판이 걸려 있고, 네 기둥 주련(柱聯)에는 임금 명종(明宗)으로부터 쌍명재(雙明齋)란 호(號)를 받게 된 글 '風細不敎金燼落(풍세불교금신락) 更長漸見玉虫生(경장점견옥충생) 須知一片丹心在(수지일편단심재) 欲助重瞳日月明(욕조중동일월명)'이 역시 해서(楷書)로 정갈하게 씌여져 걸려있다.

우리는 선생의 단(壇) 앞에 자세를 단정히 하고 묵념으로 예(禮)를 올렸다. 그리고 그 옆의 비각과 다른 제우들을 둘러보고 오늘의 쌍명재공의 공부를 하기위해 문중에서 미리 마련한 마을 경로당으로 자리를 옮겼다.

경로당은 지붕에 태양 전지판이 설치되어 있는 것이 요즈음 에너지 절약과 청정에너지에 대한 큰 관심을 여기서도 볼 수가 있다. 방안은 따뜻하게 덮혀져 있어, 공부하기에 좋았다.

자리를 잡고 앉자, 한 가락에 대한 우인의 간단한 소개가 있었고, 검은 잿빛 두루루마기를 단정하게 차려 입으신 선생님께서 분명하고 힘 있는 어조로 오늘의 주인공이신 쌍명재공에 대하여 "쌍명재공은 우리 한 가락이 작년 4월 인천의 인천이씨 시조공이며 왕족으로 황후의 성(性)허(許)를 받은 허겸(許謙)(허겸은 중국에 사신 갔다가, 당 현종을 잘 모셔 황제의 성(性) 이(李)를 받아 이씨의 시조가 됨)을 추모하는 원인재를 탐방 한 적이 있는데, 그 분의 7대손으로, 중국에 죽림칠현(竹林七賢)이 있다면, 우리나라에도 그만한 어진이가 없을 수 없다하여, 중국의 위진시기와 우리나라의 무인시대를 비기고, 일곱 분이 모여 죽림고회라 하고 시골에 묻혀 서울 정치에는 관여하지 않고, 시(詩)로서 세상을 풍자(諷刺) 하며 사셨다며, 글 쓰는 사람이라면 누구보다도 먼저 찾아뵙고 알아 봤어야 되었을 터인데 늦은 감이 있다."며 강의를 시작하셨다.

선생은 일찍 부모를 여의고 고아가 되어 절에 들어가 양육 되었으며, 절에서 유교 전적과 제자백가를 두루 섭렵(涉獵) 할 수 있었으며, 어려서부터 총명하여 시문과 글씨에 뛰어났으며, 그의 나이 19세에 정중부가 난을 일으키고 "문관을 쓴 자는 서리(胥吏)라도 죽여서 씨를 남기지 말라."는 말이 횡행(橫行)하자 불문에 귀의 하였다가 후에 환속(還俗) 하였다고 한다. 25세에 태학(太學)에 들어가 육경(六經)을 두루 학습 하였으며, 1180년(명종 10년)에 진사과에 장원 급제함으로써 사림에 명성을 떨쳤으며, 31세 때인 1182년 금나라 하정사행(賀正使行)에 서장관(書狀官)으로 수행하였으며, 다음해 귀국하여 계양군 서기로 임명되었고, 뒤에 문극겸의 천거로 한림원(翰林院)에 보직(補職)되어 사소(詞疏)를 담당하였으며, 한림원에서 고원(誥院)에 이르기 까지 14년간 조칙(詔勅)을 짓는 여가에도 시사(詩詞)를 짓되 막힘이 없어 복고(腹稿)라는 일컬음을 들었다고 한다. 강의는 쌍명재공의 가계와 출생 활동에 대한 기록과 호를 받게 된 내용이었다. 끝에 부친 찬(讚)과 시조는 절찬이요 진수(眞髓)라는 것이 이런 것이 아닌가 하는 생각이 든다.

문중에서는 이성희씨와 이문도씨가 참석해 쌍명재에 대한 공부를 함께 했는데, 이성희씨 말씀이 얼마 전 공(公)이 지은 서하집을 서하 후손들이 번역해 서하번역집을 가지고와 선생의 단(壇) 앞에서 고유제(告由祭)를 올렸는데, 선생이 아니면 이 책이 어떻게 세상의 빛을 보았겠느냐며, 고마움을 표시하여 두 집안의 우의를 돈독히 하였다는 이야기도 들려 주었다. 강의 끝에 우리는 시조와 한시창으로 오늘 공부를 마쳤다.

우리는 다시 차로 돌아와 왔던 길을 되돌아 서울로 향했다. 서울로 오는 길은 비교적 순탄했으나 서울에 가까워질수록 차들이 몰려 여덟시가 다 돼서야 서울에 다다를 수 있었다.

우인 경우수 씀.

275. 서하공묘(西河公墓)에서

그 옛날 고렷적에
멋쟁이 일곱이라

대수풀 모여들면
술이냐 노래더냐

저쪽의 사람들 만나
목청 한번 돋굴까

최중관

▲ 서하공 묘(西河公墓)

▲ 서하공묘(西河公墓) 앞에서

▲ 서하공 신도비

▲ 서하공 공부를 하며

275. 西河公墓(서하공묘)

西河公墓在仁川廣域市西區麻田洞公諱椿姓林貫醴泉
서하공묘재인천광역시서구마전동공휘춘성임관예천

也曾祖諱彦祖諱仲幹考諱光庇妣羅州吳氏徇軍部令孝
야증조휘언조휘중간고휘광비비나주오씨순군부령효

碩女以高麗毅宗四年庚午生公幼而穎敏六歲誦六甲通
석녀이고려의종사년경오생공유이영민육세송육갑통

經書一卷十八歲以司馬試中進士二十一歲時以武臣亂
경서일권십팔세이사마시중진사이십일세시이무신란

失考家門沒落與江左七賢以詩酒竹林高會歎世事也李
실고가문몰락여강좌칠현이시주죽림고회탄세사야이

仁老吳世才咸淳趙通李湛之皇甫抗等忘年之友也其間
인노오세재함순조통이담지황보항등망년지우야기간

大科數次落榜三十四歲棄仕進之意雙明齋詩曰青春三
대과수차락방삼십사세기사진지의쌍명재시왈청춘삼

十白衣永沒也明宗二十六年丙辰卒享年四十七也葬於
십백의영몰야명종이십육년병진졸향년사십칠야장어

歌絃山獅子峰南麓壬坐之原著書有麴醇傳孔方傳又有
가현산사자봉남록임좌지원저서유국순전공방전우유

李仁老編西河先生集嘗有九日聞諸公有會詩曰身在天
이인로편서하선생집상유구일문제공유회시왈신재천

涯歲又催登高自有望鄉臺五年去國長爲客九日無人共
애세우최등고자유망향대오년거국장위객구일무인공

把杯紅葉忽聞霜後落黃花猶似亂前開莫嫌擧止非閑雅
파배홍엽홀문상후낙황화유사란전개막혐거지비한아

須向龍山許一陪嗚呼江左七賢兮吟風弄月高會哉讚曰
수 향 용 산 허 일 배 오 호 강 좌 칠 현 혜 음 풍 농 월 고 회 재 찬 왈

獅子峰坡宿雪寒 來龍南麓一烏玕
사 자 봉 파 숙 설 한 내 용 남 록 일 오 간

深銘大字西河號 高侍圓封麗士端
심 명 대 자 서 하 호 고 시 원 봉 려 사 단

弄月七賢詩酒樂 擬人二冊醇錢爛
농 월 칠 현 시 주 락 의 인 이 책 순 전 란

雙明齋手編文集 善友交遊萬世歡
쌍 명 재 수 편 문 집 선 우 교 유 만 세 환

275. 서하공묘(西河公墓)

서하공묘는 인천광역시 서구 마전동에 있다. 공의 휘는 춘(椿)이요 성은 임(林)이요 관은 예천이다. 증조의 휘는 언(彥)이요, 조의 휘는 중간(仲幹)이요 고의 휘는 광비(光庇)요, 어머니는 나주오씨이다. 순군부령 효석(孝碩)의 딸이다. 고려 의종(毅宗) 4년 경오년에 공을 낳았다. 공은 어려서부터 영민하여 6세에 육갑을 외웠고, 경서 1권을 통하였다. 18세에 사마시에 합격하였고, 21세에 무신란으로 아버지를 잃고 가문이 몰락하였다. 강좌칠현과 더불어 시와 술의 죽림고회로써 세상일을 탄식하였다. 이인로(李仁老), 오세재(吳世才), 함순(咸淳), 조통(趙通), 이담지(李湛之), 황보항(皇甫抗) 등으로 나이를 잊고 벗을 삼았다. 그 사이에 대과를 보았으나 수차 낙방하였다. 34세에 벼슬에 나갈 뜻을 버렸다. 쌍명재 시에 말하기를, "청춘 30세에 백의로 영원히 몰락하였다." 하다. 명종(明宗) 26년 병진에 졸하니 향년47세였다. 장사는 가현산 사자봉 남쪽 기슭

임좌(壬坐) 언덕에다 모셨다. 저서가 있으니 국순전(麴醇傳), 공방전(孔方傳)이 있고 또 이인로가 엮은 서하선생집이 있다. 일찍이 구양절날 공들의 모임이 있다는 소문을 듣고 쓴 시에 말하기를,

몸은 하늘가에 있는데 세월이 재촉하니
높이 올라 망향대에서 고향만 바라보네
집 떠난지 5년 오랜 객이 되어
구양절에 사람도 없이 누구와 함께 술잔을 잡을꼬
단풍만 홀연히 서리뒤에 떨어지는데
국화는 오리려 만발해 피었구나
이유없이 몸가짐만 한가하지 못하니
모름지기 용산을 향하여 한 번 모실 것이로다

오호라! 강좌칠현이여. 풍월을 읊으며 달을 희롱하는 높은 모임이로다. 기려 노래하노니,

사자봉 언덕엔 지난 밤 눈이 찬데
내룡 남쪽 언덕엔 까만 옥돌이 있도다
큰 글자로 깊이 세긴 서하공의 이름이요
높이 모신 원봉에 고려선비 단아하도다
달을 희롱하던 칠현들 시와 술로 즐거운데
가전체의 책 두 권은 술과 돈을 빛냈도다
쌍명재 손으로 문집을 편찬했으니
좋은 벗들의 교류는 만세토록 기쁘리로다 맹

일곱이 자치동갑
늦세운 가리사니

대숲에 푸른 바람
술내음 실려오면

지에밥 누룩 애기로
앞장 서는 글꿰미

벽고 장대열

어두운 갈림길에
끈끈한 일곱 벗들

가슴 속 온갖 시름
술잔에 가득 담아

저 멀리 띄워 보내리
밝은 누리 그리며

고룡 맹치덕

바다 끝 하늘 끝이
아무리 넓다 한들

낮 햇살 한모금과
달 담은 막걸리라

눈 녹듯 다시 살아나
묵은 깍지 떨군다

욕천 최장호

모이면 일곱이라
한 잔이 몇 잔이냐

취해야 제멋이니
마음껏 노래 불러

어진이 거문고 가락
이어지는 추임새

노산당 전향아

멋쟁이 일곱 선비
대숲에 모일 제면

술이나 가락이나
넉넉함 겨루더니

오늘은 그 베옷 선비
베밭골에 잠드셔

갑고 홍영표

큰 그릇 난리통에
온 몸이 금 가더니

아홉 날 높은 데서
잔 들고 벗들 찾네

하얀 옷 벗지 못하고
그이마저 일찍 가

서봉 조철식

술 취해 노래 취해
모여든 일곱 벗들

한 살이 어려워도
셋이면 넉넉하다

참 벗이 꾸며준 글이
오늘 더욱 귀하다

안일당 이원희

고려적 무리꾼들
떼거리 부릴 때에

뜻 맞는 일곱 분들
속 풀어 노래했네

대숲 속 아련한 소리
맑고 곱게 울린다

우인 경우수

따뜻한 구슬 돌에
고려 꿈 꾸어본다

대 수풀 겨루다가
일곱 벗 모인 자리

술잔치 글 잔치 벌려
그리워라 임이여

가산 임봉훈

막대기 이끌고서
삼밭골 찾아드니

노래한 뫼마루에
외로운 빗돌하나

글별이 살고 간 자국
빼곡하니 빛난다

오남 이종관

서하공묘(西河公墓)에서

두온일흔다섯 번째 한가락 모임
때 : 4346(2013)년 2월 2일, 토요일, 맑음
곳 : 서하공묘 - 인천광역시 서구 마전동

고려 후기 무신정권의 암울한 시기에 문인들 중 죽림고회(竹林高會 : 시골의 뜻이 높은 모임)를 만들어 술을 마시고 시를 읊으며 세상의 일을 탄식하였던 사람들이 있었다. 이들을 강좌칠현(江左七賢)이라 하는데 망년지우(忘年之友 : 나이와 상관없이 사귀는 벗)로 이인로(李仁老)・오세재(吳世才)・함순(咸淳)・조통(趙通)・이담지(李湛之)・황보항(黃甫沆) 등이다. 저 번 달에는 강좌칠현의 한 분이었던 쌍명재(雙明齋) 이인로(李仁老)의 유적을 탐방하였고, 이 번 달에는 두 번째로 서하공(西河公) 임춘(林椿)의 묘소를 탐방한다. 서울에 가까운 곳이기에 오전 10시 30분 송정역에서 중관선생님을 포함한 한가락 회원 14명이 자가용 4대에 분승하여 역사탐방지로 출발하였다.

서하공(西河公) 임춘(林椿)의 묘소는 인천광역시 서구 마전동에 있다. 이곳은 원래 백제의 땅이었다. 장수왕 때 고구려 영토가 되어 검포현(黔浦縣)이라 하였는데 검(黔)은 '검다. 신령스럽다.'라는 의미로 검포는 존장(尊長) 또는 제사장이 다스리는 해안지역이라 한다. 통일신라와 고려 때는 김포현(金浦縣)이었고, 조선시대에는 김포군이었다. 현재는 행정구역의 개편으로 인천광역시에 편입되어 있다. 오랜 침식작용을 받아 낮아진 준평원과 한강 중상류 및 지류에서 운반된 토사가 매립되어 발달한 충적지가 합해져 전체적으로 낮고 평탄한 김포평야를 이루어 일찍부터 농경문화가 발달한 곳이기도 하다.

대단위 아파트단지를 조성하고 있는 김포지역을 지나 40여 분을 자가용으로 달려 고풍스럽고 아담한 장수촌이란 음식점 주차장에 차를 주차하고 바로 뒷산에 있는 묘소로 향했다. 입구에는 서하공의 신도비와 서하공 묘소를 찾게 된 사실을 기록한 부안 임씨 김포지구 종친회원들이 세운 비가 있었다.

수백 년 실전되었던 서하공의 묘를 찾기 위한 후손들의 눈물겨운 사연이 있어 잠시 소개하고자 한다. 조선 말 고종 때 서하공의 18세손으로 개곡에 살았던 임재호(林在皡)씨가 공의 문집에서 묘소가 '경기도 김포군 가연산 남압사동구부지원'이라 기재됨을 알고 십여 차례 이곳을 탐문하여 사방에 석물이 쓰러져 있음을 보고 분명 실전 된 공의 묘소라 짐작하였다. 그러나 이곳은 신씨(申氏)와 안씨(安氏)들 소유의 산이기에 부득이 변성(變姓)하고 고용살이를 4년간 하면서 동정을 살피던 중 공의 묘소 앞에서 두 성씨들이 다투어 말하길, "이 산이 서하공의 묘소인지라 이 묘를 경계로 이북은 신씨 소유로 하고 이남은 안씨 소유로 하자."라는 말을 들었다. 이 사실을 문중에 알리고 후손들을 데리고 와서 공의 묘소 주위를 파보니 과연 임춘기풍배전하(林椿耆醴配田河)라 쓰인 지석을 발견하였다. 그러나 두 성씨의 반발로 7년간 묘소를 찾기 위한 소송을 하였으나 가산을 탕진하고 결국 화병으로 돌아가셨다. 그 후 서하공의 20세손 임승익(林承翊)씨가 크게 분개하여 지석과 가승・족보・공의 문집을 가지고 상경하여 고종황제의 어람 판결을 얻어 실전하였던 공의 묘소를 찾게 되었다는 내용이었다.

후손들의 묘를 지나 제일 위쪽에 공의 묘소가 원분으로 잘 단장되어 있었다. 가현산 사자봉 아래 남향으로 자리한 묘소는 아쉽게도 앞쪽에는 풍림아파트가 가로 막고 있어 답답한 느낌이 들었다. 잠시 고개 숙여 공을 생각하며 예를 표하고 장수촌이란 음식점으로 내려와 기와집의 멋스움과 깔끔하고 담백한 점심 식사(삼계탕)를 하였다. 식사 후 중관선생님이 준비하신 서하공에 대한 공부를 하였다.

고려시대 명문가문에서 태어나 어려서부터 총명하여 이미 18세에 사마시에 합격하였으나 21세 때 일어난 무신의 난으로 아버지를 여의고 가문이 몰락하니 관직에 진출하는 꿈을 버리고 강좌칠현(江左七賢)과 더불어 술과 노래로 달래며 실의와 고뇌에 찬 생활을 하면서 47세의 아까운 나이에 돌아가셨다.

이인로는 서하집 서문에서 말하길 “선생의 문장은 고문의 진수를 얻었고, 시는 이소(離騷)와 시아(詩雅)의 풍골을 얻었으니 해동에서 포의(布衣)로서 세상에서 제일가는 자는 이 한 사람뿐이다.”라 하였고, 이규보는 말하길 “임춘의 시는 고려 세상을 주름 잡았다.” 하였으니 문장과 시에서는 당대에 최고임을 알 수 있다. 또한 우리나라 최초의 가전체 소설인 『국순전』, 『공방전』을 남겨 문학사적으로도 설화문학과 소설문학을 연결하는 과도기적 문예활동으로 조선 초 한문소설에 큰 영향을 미쳤으며 조선시대 많은 문인들이 서하공의 시문과 글을 언급하였다.

서하공에 대한 역사탐방을 마치고 어떻게 하면 멋있는 시조를 지을까를 고민하면서 서울로 돌아왔다.

고룡 맹치덕 씀.

276. 유천재(楡川齋)에서

나라님 사위로다
가벼이 살 수 있나

깊은 골 숨어들어
불러본 노래 하나

아리랑 떠난다지만
다시 만날 다짐말

최중관

▲ 유천재(楡川齋)

▲ 유천재(楡川齋) 앞에서

▲ 충재공 묘(忠齋公墓)

▲ 충재공 공부를 하며

276. 楡川齋(유천재)

楡川齋在江原道江陵市池邊洞崔忠齋公追慕處也公諱
유 천 재 재 강 원 도 강 릉 시 지 변 동 최 충 재 공 추 모 처 야 공 휘

文漢江陵人祖諱佃號恒齋南宋理宗駙馬自宋入高麗之
문 한 강 릉 인 조 휘 전 호 항 재 남 송 이 종 부 마 자 송 입 고 려 지

祖考諱巒號肅齋海豐府院君妣金氏鷄林君琿女以生公
조 고 휘 만 호 숙 재 해 풍 부 원 군 비 김 씨 계 림 군 혼 녀 이 생 공

於海州本家高麗忠肅王七年庚申一月一日辛巳亥時也
어 해 주 본 가 고 려 충 숙 왕 칠 년 경 신 일 월 일 일 신 사 해 시 야

恒齋曰儀節彌文江漢之濯以保國傳家者必此兒故命名
항 재 왈 의 절 미 문 강 한 지 탁 이 보 국 전 가 자 필 차 아 고 명 명

也幼而穎敏及長雄威氣像豁達度量文武兼全尙善德公
야 유 이 영 민 급 장 웅 위 기 상 활 달 도 량 문 무 겸 전 상 선 덕 공

主爲忠肅王駙馬歷正順大夫三韓三重大匡判軍器寺事
주 위 충 숙 왕 부 마 역 정 순 대 부 삼 한 삼 중 대 광 판 군 기 시 사

大司憲藝文館提學至崇政大夫門下侍中其間數次樹倭
대 사 헌 예 문 관 제 학 지 숭 정 대 부 문 하 시 중 기 간 수 차 수 왜

寇擊退之功及麗運訖入杜門洞退遯江陵馬上里與採薇
구 격 퇴 지 공 급 려 운 흘 입 두 문 동 퇴 둔 강 릉 마 상 리 여 채 미

軒吟桃源歌曲也愛馬依雲霧爲龍乘天俗傳龍池也臨終
헌 음 도 원 가 곡 야 애 마 의 운 무 위 룡 승 천 속 전 용 지 야 임 종

遺戒薄葬曰雖青山一坏土不使指稱於新天地哉新朝四
유 계 박 장 왈 수 청 산 일 배 토 불 사 지 칭 어 신 천 지 재 신 조 사

年乙亥十二月十七日卒享年七十六也翌年丙子二月二
년 을 해 십 이 월 십 칠 일 졸 향 년 칠 십 육 야 익 년 병 자 이 월 이

十日葬于馬鳴山麓子坐原後孫成勢門追奉始祖也讚曰
십일장우마명산록자좌원후손성세문추봉시조야찬왈

驚蟄已過春馥先　濊都深谷一齋蠲
경칩이과춘복선　예도심곡일재견

飛檐瓦屋楹文耀　麗制方墳薹色鮮
비첨와옥영문요　여제방분대색선

薄葬遺言痕鏟削　桃源歌曲鬱蕡傳
박장유언흔산삭　도원가곡울분전

尙逢王女持高節　門閥江崔始祖賢
상봉왕녀지고절　문벌강최시조현

264. 유천재(楡川齋)

유천재는 강원도 강릉시 지변동 최충재공을 추모하는 곳이다.

공의 휘는 문한(文漢)이요, 강릉사람이다. 조의 휘는 전(佃)이요 호는 항재(恒齋)이다. 남송나라 이종(理宗)의 사위였다. 송나라로부터 고려로 들어온 할아버지다. 아버지의 휘는 만(巒)이요 호는 숙재(肅齋)요, 해풍부원군이다. 어머니는 김씨로 계림군 혼(琿)의 딸이다. 공은 해주 본가에서 낳았다. 고려 충숙왕 7년 경신 1월 1일 신사 해시에 낳았다. 항재 말씀하시기를 거동과 절도 문채가 더욱 빛나고, 양자강 한수에 씻은듯하다. 나라를 보호하고 집을 전해갈 자 반듯이 이 아이일 것이다. 하고 이름을 지었다. 어려서부터 영민하여 성장함에 있어 위엄과 기상이 웅장하였다. 도량이 활달하였고, 문무를 겸비하였다. 선덕공주를 짝으로 맞이하여 충숙왕 부마가 되었다. 정순대부를 지나 삼한 삼중대광 판군기시사 대사헌 예문관제학 숭정대부 문하시중을 지냈다. 그 사이에 수

차 왜구를 격퇴하는 공을 세웠다. 고려가 운을 다하여 두문동으로 들어갔다가 강릉 마상리로 은둔하였다. 채미헌과 더불어 도원가곡을 읊었다. 애마가 운무에 의지하여 용이되어 승천하니 세속에서 전하기를 용지라 하다. 임종에 남긴 경계에 장례는 간소하게 하라하고 비록 청산의 한 줌 생흙이라도 신천지에서 지칭하지 못하도록 하라 했다. 새조정 4년 을해 12월 17일에 졸하니 향년 76세였다. 다음해 병자년 2월 20일에 마명산 기슭 자좌원 언덕에 장사지냈다. 후손이 큰 가문을 이루어 시조로 추봉하였다. 기려 노래하노니,

경칩이 이미 지나 봄향기가 시작되었는데
예의도읍 깊은 골에 한 재실이 깨끗하구나
처마 나는 듯한 기와집에 기둥 글이 문체나고
고려제도 방분은 잔디색이 선명하도다
장례를 간소하라 유언하여 흔적을 깎아 버렸고
도원가곡으로 울분을 전하는구나
왕녀를 짝으로 만나 높은 절개를 지켰으니
문별 강릉최씨 어진 시조가 되었도다

전

바람아 어찌할까
구름아 어찌할꼬

저녁놀 오늘가면
다시금 아침이라

붉은 솔 노을을 먹고
불러본다 아리랑

욕천 최장호

내 짝은 임금님 딸
두 어깨 묵직하다

할 일도 두곱 세곱
남다른 길이더니

깊은 골 울려퍼지는
목이메인 아리랑

노산당 전향아

한집안 처음 일군
임금의 온해 손은

나라꼴 어지럽자
깊은 골 숨었지만

아리랑 아라리오로
다짐의 뜻 되새겨

갑고 홍영표

샛바다 물결 넘어
못 가에 다다르니

말탄이 안 보이고
미르못 거기 있네

한 줌 흙 일컫지 마라
새 따라고 외쳤다

서봉 조철식

봄 햇살 따사로운
네모난 늪자리에

힘 다한 나라사위
큰 집안 열었도다

임이여 하 보고파서
불러보는 아리랑

안일당 이원희

임금의 사위지만
나라가 잘못되니

어쩔수 없었었네
벗 들과 숨었다가

헤지며 속 달랜 노래
아리랑이 되었네

우인 경우수

개구리 울음소리
샛바람 따뜻한데

예 나라 밟았더니
기린 님 올곧도다

함께 한 아리랑 벗들
그때 그날 새로워

가산 임봉훈

두 임금 섬길소냐
예맥에 깊이 숨어

큰 고개 높이서서
아리랑 불러본다

흐르는 임의 눈물이
붉은 노을 적신다

오남 이종관

유천재(楡川齋)에서

두온일흔여섯 번째 한가락 모임
때 : 4346년 3월 9일, 토요일, 맑음
곳 : 유천재 - 강원도 강릉시 지변동

아침에 집을 나서니 모처럼 날씨가 푸근하다. 겨우내 몹시 추워 몸들이 많이 움치려 들었는데, 오늘은 날씨가 한결 누그러져 마음마저 느긋하다. 여유 있게 전철을 이용해 약속 장소인 사당역으로 나아가니, 오늘 우리를 태워줄 한양 대학교 버스는 벌써 와서 탈 사람을 기다리고 있고, 선생님을 위시하여 여러 회원들이 이미 나와 있다. 그런데 평소보다 참여 인원이 많아 알아보니, 선생님께서 출강 하시는 문화센터에서 수강하시는 분들이 많이 참여했다고 한다.

9시가 조금 지나 차는 목적지 강릉을 향해 출발했다. 오늘은 출발이 늦어서 그런지 길에 차들이 많다. 서초 나들목을 통해 고속도로에 들어서고, 우인이 오늘은 강원도 강릉시 지변동에 있는 충재공을 모시는 유천재를 찾아 간다고, 오늘 일정에 대한 간단히 소개하자, 참석 하신 분 중 한분이 앞으로 나와 본인도 강릉최씨 최규택이라며 본인 소개를 하고, 이어 강릉최씨 세 갈래에 대하여 설명을 하며, 고등학교를 강릉에서 다녔으며, 한전 강릉지점장을 끝으로 정년을 하셨다며, 강릉최씨에 대한 세 문중에 대해서 설명을 하며, 시간이 되면 강릉 안내를 하겠다고 자청했다.

보통 때는 고룡의 화동인물총기와 서봉님의 중국인이 본 한국사의 강의가 있었는데 오늘은 준비들을 안했는지 잠잠하고 갑고님이 '박연폭포'와 '가시버시 사랑'이 인쇄된 유인물을 나눠주고 '박연 폭포'를 시조와 노랫가락 형식으로 멋지게 시창하시고, '가시버시 사랑'을 한 소절씩 선창하시고,

따라 부르게 해 모처럼 목청을 돋아보는 시간을 가졌다. 오랜만에 삼우당도 참여해 시조를 창했는데 전보다 실력이 많이 향상된 것 같다.

차는 경부고속도로 신갈 입체교차로에서 강릉 쪽으로 방향을 바꾸었다. 창밖의 산야는 검회색으로 아직은 겨울 색을 하고 있지만 땅 밑은 머지않아 다가올 새봄맞이에 꾀나 분주하리라, 우리는 횡성휴게소에서 볼일을 보기위해 잠시 쉬어갔다. 경부고속도로를 벗어나 영동고속도로로 들어서서 여주를 지나니 도로 사정은 원활하게 되었다.

갑고님이 중관선생님이 지으시고 우리 한가락 모임 노래가 된 '바람이…'의 탄생 배경과 시조에 담긴 사연을 소개해 주시고, 마치 시조를 위한 목청인 듯한 구성진 소리로 시조 '바람이…'를 창해 주셨다. 동해에 가까워질수록 산과들 응달진 곳엔 얼룩얼룩 바둑이 모양으로 잔설이 남아 있고 대관령 터널을 지나자 발 밑 저 아래 아득히 옛길로 다니는 차들이 마치 장난감처럼 작게 보인다.

12시가 조금 지나고 강릉나들목을 지나 강릉시가지로 들어서 홍제동 강릉최씨 대종회 사무실에 이르니 문중 총무 최중길님이 우리를 맞아 주었다. 시간은 12시 40분 점심시간이 되었다. 그는 우리를 근처 식당 청담으로 안내 했다. 식당에는 미리 예약을 해놨는지 생선구이와 여러 가지 나물이 곁들여지고 노오란 기장조를 조금 섞은 돌솥밥이 차려져 우리를 기다리고 있었다. 우리는 마침 때가 되어 시장도 하던 차에 맛있는 점심을 먹고 거기다 더하여 커피까지 내와서 한잔씩 마실 수 있었다.

식사 후 우리는 다시 차에 올라 충재공 공부를 하기 위해 문중 사무실로 향했다. 식당에서 문중 사무실 까지는 약 10여분 거리인 듯 바로 닿았다. 차에서 내려 안으로 들어가 자리를 정돈하고 앉자 문중 총무 최중길 님이 문중에 대한 소개가 있었다.

내용은 아까 서울서 출발할 때 문화원에서 참여하신 최규택님과 마찬가지로 강릉최씨는 세 갈래가 있는데, 첫째는 신라시대부터 존재하여 고려 태조 왕건을 도와 고려개국에 공을 세운 충무공 최필달계와 흔봉계라고, 현재 강릉시장이 속해 있으며 고려 초에 문과에 급제하여 추충익사공신

광정대부 문화평리상호군 평장사 판사부사(推忠翊社功臣 匡靖大夫 文化平理上護軍 平章事 判史部事)를 지낸 평장공(平章公) 최입지(崔立之)계, 그리고 당신의 선조인 여말 충숙왕 사위로 국운이 다하자 동지들과 두문동에 숨었다가 강릉 마상리로 은거한 부마공(駙馬公) 최문한계를 들었다.

그런데 선조의 관찬사료가 전혀 보이지 않아 궁금하던 차에 이천서씨 서견의 일기식 전기 4권이 발견되었는데, 4권중 세 번째 의사 열전이란 책에 부마공(駙馬公) 에 대한 기록이 발견되었고, 그 후 동평 열전 세권이 발견되어 선조의 기록을 보고 소장하기를 원하였으나 소장자들이 선조의 유물이라며 팔기를 꺼려, 필사를 하여 이번에 번역하여 출판하기에 이르렀다고 한다.

덧붙혀 부마공(駙馬公)이 개성을 오가며 타고 다니던 말을 한 연못가 버드나무에 메어 두었는데 말을 쓰다듬자 연기가 피어오르며 말이 용이 되어 하늘로 올라갔다는 용지에 대한 전설도 들려주었다.

이어서 부마공(駙馬公)에 대한 공부에 들어갔다. 선생님께서는 힘 있고 분명한 어조로 강의를 시작 하셨다. 강릉최씨 부마공(駙馬公)파는 부마공(駙馬公)의 할아버지가 고려 말엽 남송으로부터 귀화 했으며 날 때부터 모습이 의절미문(儀節彌文)하고 깨끗하기가 강한지탁(江漢之濯)으로 나라를 보전하고 집안의 명예를 이어 갈 것이라 하여 문한(文漢)이라 이름 한다고 하였다. 여러 벼슬을 거치고 왜구를 무찔렀으나, 고려 운이 다 함에 미쳐 두문동에 들었다가 다시 강릉 마상리에 숨어들었으며, 정선의 거칠현동 채미헌공과 아리랑의 시원이 된 도원가곡(桃源歌曲)을 불렀으며, 말이 용이된 용지(龍池)의 전설과 끝에 붙인 절찬의 찬시와 시조의 해석으로 강의는 끝나고, 한시창과 시조창으로 공부는 마쳤다.

공부를 마치고 우리는 다시 차에 올라 공의 묘소와 유천재(楡川齋)를 둘러 보기위해 나섰다. 유천재도 거기 용지빌딩에서 약 10여분 거리의 지변동 강릉 원주대학교 옆에 있었다. 우리는 학교 담 옆길을 따라가다 삼거리에서 차에서 내려 걸었다. 묘소와 재실은 강릉 원주 대학교 담을 왼쪽으로 끼고 산을 오르다, 오른쪽으로 난 샛길을 따라 조금 가다 오른쪽에는 유천재(楡川齋)가 있고, 왼쪽 옆으로 밭을 지나 얕은 야산 언덕에 돌계단 끝에 방분으로 정남향으로 모셔져 있었다.

묘소의 사각 둘레석은 양각으로 연꽃무늬가 새겨져 있고, 분묘 앞에는 상석이 오른쪽에는 묘비, 왼쪽에는 석등이, 그리고 그 앞에는 양쪽으로 망주석이 서있고, 묘소 입구에는 돌 사자상이 양쪽으로 세워져있다. 우리는 묘소 주변을 둘러보고 공의 묘소 앞에서 기념 촬영을 하고 내려 왔다.

내려오는 길에 유천재(楡川齋)에 들렀다. 재실(齋室)은 마을과 좀 떨어진 곳에 따로 아담하고 정갈하게, 팔작지붕에 홑처마로 전면 다섯 칸 측면 두 칸으로 기둥마다 달필의 주련이 걸려 있었다.

유천재(楡川齋)를 돌아보고 내려와 우리는 다시 차에 올랐다. 말 타면 경마 잡히고 싶다고 오늘 참여한 분들 중에 많은 분들이 여기까지 온 김에 바다를 구경하고 싶어 했다. 아침에 출발 할 때 강릉 안내를 하시겠다던 최규택님이 안내를 위해 마이크를 잡았다, 그는 차를 인도해 바닷가로 향하게 했다. 차는 경포대 정자와 호수를 지나며 우리는 바닷가에서 잠시 차에서 내려 바다를 바라보았다. 오늘 따라 바람이 세차서 오래 머무를 수가 없다. 사람들은 많이 좁아진 백사장을 보며 아쉬운 표정이었다. 그 옆엔 전에 못 보던 강릉 솟대다리라고 멋진 다리가 새로 세워져 있었는데, 다리 앞 돌비석에 송강 정철의 글이 하도 좋아 조금 옮겨본다.

저녁별 비껴드는 현산 철쭉꽃을 이어 밟으며
신선을 태운 가마가 경포로 내려가니
십리나 펼쳐진 비단을 다리고 다시 다려
큰 소나무 울창한 속에 싫도록 펼쳐졌으니
물결도 잔잔하기도 잔잔하구나, 모래를 헤아리겠도다
외로운 배 닻줄을 풀어 정자 위에 올라가니
강문교 넘는 길에 동해가 거기로다
조용도 한 경포의 기상 넓고도 아득한 동해의 경계
이보다 갖가지 갖춘 곳이 또 어디 있단 말인가

홍장고사를 떠들썩할 만하다 하리로다
강릉 도호부 풍속이 좋을 씨고
충신 효자 열녀 기리는 문들 고을 마다 벌어져 있으니
집집마다 벼슬을 봉한 태평성대 이제도 있다 하겠구나

- 송강 정철의 관동별곡 중 강릉을 노래한 부분 -

우리는 넘실거리는 파도와 하얀 물거품 겨울바람을 뒤로하고 다시 차에 올라 시가지를 거쳐 한전에서 문화 도시 강릉에 어울리는 건물을 건축 하겠다며 관동팔경에 1경을 더해 관동구경이라는 한전 강릉 지점에 이르러 돌로 커다랗고 웅장하게 지어지고 단청이 화려한 광영루(光瀛樓)에 이르렀다. 잠시 내려 다락과 그 옆의 길상문과 명의문을 멀리 바라보았다.

다시 차에 올라 앞에서 들었던 그 말이 용이 되어 이를 기리기 위하여 세운 용지각(龍池閣)을 차에 탄체로 바라보며 지나치고 시가지에 의도적으로 넓게 조성된 절대 농지와 강릉 여성문화 센터와 도서관, 강릉 관아와 칠사당을 지나 서울로 향했다.

서울로 오는 길은 비교적 순탄 했으나 서울에 다 와서 밀리는 바람에 8시가 조금 지나서 아침에 출발 했던 장소에 이를 수 있었다. 오늘 한가락 역사 탐방에 동행한 분들은 다음과 같다.

중관선생님, 갑고, 서봉, 욕천, 고룡, 가산, 오외수, 안일당, 삼우당, 강윤석, 서근봉, 서정환, 신동춘, 최문자, 이한국, 이종명 김두식, 박미녀, 김학광, 배교수, 윤태호, 윤석증, 최규탁, 윤혜득, 정태희, 김경혜, 성영숙, 윤복임, 이덕영 님, 노산당, 필자 등 31명이다.

김학광(金學光)님의 시조를 덧붙인다.

우는 말 뫼이름에
옛님을 찾았는데

연꽃을 새긴 돌로
네모난 눕자리라

이끼낀 몇온 해 자취
어제런 듯 다가와

우인 경우수 씀.

엮고 나서

한가락 일을 맡아보면서 늘 감사함을 느낀다. 우선 산 좋고 물 좋은, 그야말로 경치 좋은 곳을 23년이나 방방곡곡 다녔으니, 한 달에 한 번씩 다니는 역사탐방의 행사를 감사한 마음으로 기다리는 사람이 되었다.

이번 23집을 엮으면서 맑은 산수, 훌륭한 선비들의 정신을 제대로 표현하지 못한 아쉬움이 크다.

늘 가슴으로 받아들인 큰 생각을 글로 표현해내지 못하는 무지함에 안타까움을 느끼면서도 더 이상 자라지 못하고 있다. 그래도 한가락 회원님들이 저를 사랑해 주시리라 믿으며 항상 힘을 내본다.

2013년은 여성지도자가 대한민국을 이끄는 시대가 되었다. 우리 여성 모두는 두 배, 세 배 책임감을 갖고, 밝은 생각, 현명한 실천으로 몸가짐을 다잡아서 위대한 힘을 보여줄 때가 되었다.

남성들이 두 눈을 부릅뜨고 무섭게 살피고 있을 것이다. 이젠 여성의 목소리가 크면 집안이 더 잘된다는, 잘되는 모습을 스스로 느끼고 볼 수 있게 해주어야 할 책임이 생겼다.

항상 자료 찾기로 애써주시는 중관선생님의 건강을 빌면서 우리 한가락 회원들이여 건강하십시오. 제가 한가락을 위하여 열심히 뛸 것입니다.

총무 노산당 전향아.

◆ 부록

歷史探訪講論資料

차례	곳	고을	사람	어떤 이
265	海巖亭	강원 동해	沈東老	삼척 심씨 시조
266	慕賢齋	서울 도봉구	睦孝基	사천 목씨 시조
267	梅山書院	경기 여주	文益漸	고려 말 절신
268	三莊齋	전남 나주	金子進	〃
269	思陽影堂	충북 진천	李公升	고려 충신
270	苾芬齋	전남 장성	邉 靜	고려 말 절신
271	典書公墓	대전 동구	朴元象	〃
272	慕先齋	충북 충주	崔原儒	고려 충신
273	追遠齋	충남 부여	田得雨	고려 말 절신
274	雙明齋	경남 의령	李仁老	고려 충신 문장가
275	西河公墓	인천 서구	林 椿	〃
276	楡川齋	강원 강릉	崔文漢	고려 말 절신

海巖亭

海巖亭在江原道東海市北坪洞高麗末沈東老創建也沈公初諱漢號信齋三陟貫始祖也公生於忠宣王二年庚戌自少善屬文忠惠王復位三年壬午中生進歷直翰林院事成均館學祿藝文館檢閱春秋館修撰遷承奉郎通禮門祗候出通州使入爲知製誥右正言恭愍王十年辛丑拜獻納以特旨拜奉善大夫中書舍人知製誥當時國政日非棄官退居于三陟也王以東歸賜名東老又賜邑封眞珠君也後以禮屢徵終不起逍遙山水優遊於詩書築小亭於海濱巖石之勝扁曰海巖也公之卒年無所傳但墓在東湖洞西麓亥坐之原配玉堂夫人三陟金氏閤門祗候儒之女祔左有一男一女也嘗禮賓卿李玖詩曰三陟官樓是竹西樓中佳客沈中書如今白首能詩酒暇日相遊爲悅予嗚呼公之老後海上神仙三陟沈福中書之宣今日彼聲當時其蕭讚曰

東海春風飛沫鹽　水邊石上一亭謙
噲正衣容律聲動　長樓倒光仙境覘
昔日中書新築卧　當時筆友舊親懺
麗王賜號待元老　三陟貫鄉開祖恢

慕賢齋

慕賢齋在서울特別市道峰區放鶴洞泗川睦氏始祖公追慕處也公諱孝基高麗高宗元宗人武神耀武將軍五衛郎將同正古來之得姓說有兄弟相睦說曰昔日泗川地方有兄弟同居友愛敦篤隣里極讚以所聞於麗王賜姓也又有國文古典小說睦始龍傳以確證也公亦有三子以誠孝友愛爲庭訓長德昌閤門祗候靈州守靈州君次卓叙尚書考功郎中次惇叙書丞同正也始祖公配位及墓所失傳不得已神位碑設壇於齋閣後原也靈州君有一子俊平秘書省判事寶文閣直提學有一子君慶興威衛大將軍有二男成均館進士忠達次失諱進士公有二男神虎衛精勇郎將孫儉次贊成事仁吉佐恭愍王功臣一等從兄宗直司事忠紅巾賊擊退亦一等功臣也嗚呼睦門上代今武官職卓光麗末國亂今王佐之功皇壇麗曲特今念弟如譬芳也哉讚曰

城外山川春色咸　道峰南麓一齋鑑
古風瓦閣慕賢扁　神域烏碑開祖緘
先代武官郎將始　後孫佐命功臣劉
睦門得姓由來特　旋旋綱常模範縿

梅山書院

梅山書院在京畿道驪州郡陵西面番都里文三憂堂公追慕處也公諱益漸字日新初諱益瞻南平人也始祖諱多省新羅慈悲王時誕生於全羅南道羅州郡南平面長子池千尋巖壁上五色雲中石函其後封三重大匡壁上功臣南平伯享九十八長壽以後孫奉戴貫祖也至高麗時以巨族振名聲曾祖諱克儉匡靖大夫開城尹贈版圖判書謚靖烈祖諱允恪奉翊大夫三司右使文翰學士贈典理判書考諱叔宣左正言原從功臣贈光祿大夫門下侍中謚忠貞妣趙氏戶部尚書珍柱女以忠惠王一年辛未生公於慶尚南道丹城面培養里自幼明敏好學受學于牧亭與圃隱擢文科第爲左司議大夫右文館提學嘗奉使如元時元主廢恭愍公抗節不屈元主怒謫交趾居三年釋還得木綿種公潛以數核納于管孔而歸分一枚於外舅種之三年大蕃殖又相與刱爲繅車取子以引縷織綿布爲衣也時事日非上書數千言終不納猶被劾罷職退居田里遂匿於晉之江城治東集賢山下有別墅自號三憂居士憂邦國之不振憂正學之不明憂己道之不立也爲人慈

孝丁母憂廬墓三年倭奴之亂人皆匿公獨不去倭
奴不敢加害驪興王九年癸亥立石以旌其閭及壬
申變易稱疾不仕杜門不出以新朝九年庚辰二月
八日卒享年七十也葬于山清郡新安面新安里葛
蘆山向酉之原配初曰周氏繼曰鄭氏有五男中庸
中誠中實中晋中啓公樹之杏木一株尚存也讚曰

早出都城走嶺東　驪江停轡一祠宮
梅山稍號大儒邸　書院講堂過客逢
萬里他邦綿子得　三憂别墅心聲充
諒陰至孝旌閭裏　與牧隱推元老翁

三莊齋

三莊齋在全羅南道羅州市公山面上方里金首
山公追慕處也公諱子進光山人高祖諱承嗣三司
左使兵馬都元帥曾祖諱精奉翊大夫密直副使以
謀除辛旽被禍祖諱宗衍奉翊大夫密直司使都元
帥討倭賊樹功又抗新軍閥杆城王元年被害考諱
伯句兵馬節度使以欲扶麗運流遠地終焉公家自
新羅王族至高麗末爲大門閥而公以明敏之才恭
愍王特仕進禁衛司正見麗運將訖嘆曰吾是宰輔
之子孫而況三世俱殉節吾何忍懷他意乎遂南遯

于羅州治南非音坊築小亭曰首山又名其井曰麗
井田曰麗田洞曰終吾也新朝禮徵終不起守忠義
大節也墓在公山面三莊山巳坐原生卒與配位無
傳焉有三男一女衷孫愼孫終孫洪九叙嗚呼首山
大節今牧國丹心罔僕比新羅王姓後孫今高麗綱
常大扶持一門節義三世今沈那素那忠勇至讚曰

克暑妙方探去冬　逆追麗代首山逢
三莊瓦閣村中特　四尺古墳原上蒼
田井諸名稱舊國　夷齊唱曲知新馨
杜門節義丹鐵裏　其孰須心如此宗

思陽影堂

思陽影堂在忠淸北道鎭川郡文白面思陽里李文眞公影幀奉安處也公諱公升字達夫號秋月齋淸州人也始祖諱能希與子謙宜佐高麗太祖爲開國功臣卽公之衣高祖也曾祖諱元審開府儀同三司祖諱仲路尚書右僕射考諱仁至開府儀同三司檢校太傅以肅宗四年己卯生公自幼穎悟好學能屬文仁宗朝擢第直翰林院累遷右正言毅宗初轉殿中侍御史奉使如金時使金者例收管下軍銀人一斤公不取一錢人服其淸毅宗嘗乘月遊淸寧齋

目公曰秋月澄霽無一點塵正如公之胸中因以爲號也官歷諸華職至中書侍郎平章事嘗王於館北宮作窟室築臺飾以金玉命置酒唱和公曰功名富貴盡花下三杯驅人以爲詩讖也致仕後園中結茅宇穿沼築塢賓客子弟有造謁者輒以詩酒相娛也明宗十三年癸卯卒享年八十五謚曰文貞也讚曰

今勿奴名英傑支　新羅以後高麗雖
陽川山塢靈堂肅　秋月齋翁影幀祇
奉使如金清白特　從王賡也讖言錐
愛人忠信文貞諡　萬世官途模表垂

苾芬齋

苾芬齋在全羅南道長城郡長城邑長安里邊中軍司正公追慕處也公諱靜黃州人高祖諱訥歷參知政事判侍中曾祖諱碩承奉郎通禮門祗侯有文行祖諱遷遊擊將軍左右衛保勝中郎將考諱承俊正順大夫判典客寺事妣扶寧張氏中顯大夫護軍堅女以生公自幼穎敏以忠孝信義爲庭訓及長官侍衛司中軍司正以王室外戚有威略從叔父京畿右道兵馬使光秀累立戰功及叔父爲辛旽所誣貶于三陟公遂坐謫于長城因置亭茲山日吟哦自適

而爲後進肄業之所厥後子孫世守玆亭講學于斯習藝于斯代出許多名人即今之永思亭也及麗運訖自然敍後新朝屢徵終不起杜門絕世堅守不事二君之心民到于今稱之高風峻節也墓在長安里後內洞粉土嶝子坐之原配高峰高氏高城君呂女墓在長安內洞丑坐之原有二男孝友秀東也讚曰

蟋蟀野中鳴稍微　南行千里一齋巍
莅芬楣號停車聲　神道碑銘堅節霏
從叔樹功嚴略大　杜門絕世高風輝
築亭講學諄新進　回復萬年青史威

典書公墓

典書公墓在大田廣域市東區大別洞公姓朴諱元象順天人也始祖高麗開國功臣三重大匡公英規其後失傳以高麗寶文閣大提學諱淑貞起一世即公之考也大提學公嘗爲關東存撫使所建有臨瀛鏡浦臺又有高城三日浦四仙亭也典書公生麗末居懷德龍興里世稱鍾鳴鼎食之家也墓初葬於公州地山內山多里也公自少好學能文以歷華職至工曹典書及壬申變易投紱歸鄉隱居杜門自請與密直司使高天祥司宰令鄭蹈中正大夫徐仲輔

漁隱李守仁漁逸閔由誼大護軍金伃贊成事金銅
稱麗末八請也有四男首生長生安生易生也安生
之孫彭年即死六臣也公之長姪天祥都僉議侍中
當變革期與二子可興可權終守不事二君之心哉
噫一門四節今順天朴門哉節義庭訓今忠正公忠
節哉大田廣域市文化財資料第四十二號也讚曰

高士遺墟何不虞　一車南向比豐驅
龍興里上傳言特　大別村中古墓孤
堅節典書麗末屹　義風庭訓鮮初芋
文財指定全持裏　清猾芳香萬代揄

慕先齋

慕先齋在忠清北道忠州市牧杏洞崔德隱公追
慕處也公諱原儒字仲賢忠州人高祖諱公義判圖
判書藝文閣大提學中原伯曾祖諱洞宗鋒寺判事
祖諱沃門下侍中考諱伯清門下侍郎妣安東金氏
以忠惠王四年癸未生公自少好學以忠孝爲庭訓
及長重節義與牧圃隱交遊以儒林領袖歷寶文閣
直提學密直承翊右常侍出爲榮州縣尹杵城王四
年四月聞善竹橋悲報亦飮藥絶命諡曰忠獻配中
原郡夫人徐氏下從墓在忠州牧杏里美力谷艮坐

之原乾位合祔嘗知漆州縣特圖遙贈詩于公曰焉用牛刀宰武城絃歌政化摠聞名忽懷當日三君子過此踟躕不敢行又有惕若齋金九容贈詩二絕句曰世途名利雜恩讎染指年來只自尤今日一樽禪榻畔對君聊洗客中愁泛舟一葉逐輕鷗兩岸青山杜若洲莫向漁磯停短棹秋風吹送故鄉愁哉讚曰

霜降季秋山野佳　國原陽地一高齋
飛檐瓦屋慕先號　古墓碑銘忠節牌
善友贈詩親致賀　竹橋悲報自歸嚴
交遊牧圃儒林領　當代官途師表楷

追遠齋

追遠齋在忠清南道扶餘郡石城面鳳亭里田府尹公追慕處也公諱得雨南陽人考諱柱原名王康仕江寧府丞當麗末發非王氏者則不可爲王之論以言甚剛切被劾及新朝爲公州牧官奴流驪新驛俄而被禍後以孫子之功復權贈寶文閣直提學守僉議政丞因爲創姓立貫之祖也公生於麗末逢奉嚴親之忠則盡命精神以精進經學及壬申變易杜絕世事又侍奉流配生活之嚴親而已矣但於新朝以水火相剋之敵愾心對處也後以子之功追贈嘉

善大夫漢城府尹配鄭氏爲貞夫人墓在石城縣牛
昆面月外山合祔某年月日緬現浚鎭山麓亥坐原
賜碑準禮葬忠清南道地方文化財記念物第二十
五號指定也有一男興初家門没落以爲家奴輸含
淚以堅志接近權力至二十三歲以王子之亂爲佐
命元從功臣賜名田興也貫南陽江寧古號也讚曰

南國城中何寶眞　一車停策古墳珉
方形麗制氣風特　禮葬賜碑書字彬
庭訓誠忠成自我　遠從配所侍嚴親
於年變易雖相剋　前道吾門能耐磷

雙明齋

雙明齋在慶尙南道宜寧郡富林面丹原里李雙
明齋公追慕處也公諱仁老初諱得玉字眉叟又號
青蓮臥陶軒仁川人曾祖諱頵門下侍郎平章事祖
諱彥林工部尙書右僕射考諱伯仙左尙侍妣崔氏
門下侍郎平章事奭女以高麗毅宗六年壬申生公
幼而穎悟早失父母僧家保育聰明過人武臣亂後
還俗明宗十年文科進桂陽管記歷史館翰林院神
宗時禮部員外郎高宗初秘書監右諫議左諫議大
夫高宗七年庚辰卒於松都紅桃井第享年六十九

也善草隸書能文以有腹藁之稱與林椿吳世才趙
通黃甫沆咸淳李湛之交忘年之友曰江左七賢也
嘗翰林時奉王命獻元夕之燈夕詩曰風細不教金
燼落更長漸見玉虫生須知一片丹心在欲助重瞳
日月明明宗賜號雙明齋也著書有銀臺集雙明齋
集破閑集西河先生集配慶州崔氏永濡女也讚曰

昔日何人能律文　南馳停轡一齋懃
雙明扁號筆端銳　追慕碑銘麗士芬
奉命獻詩三易善　忘年交友七賢云
竹林高會興江左　腹藁風流震兌醺

西河公墓

西河公墓在仁川廣域市西區麻田洞公諱椿姓
林貫醴泉也曾祖諱彥祖諱仲幹考諱光庇妣羅州
吳氏御軍部令孝碩女以高麗毅宗四年庚午生公
幼而穎敏六歲誦六甲通經書一卷十八歲以司馬
試中進士二十一歲時以武臣亂失考家門沒落與
江左七賢以詩酒竹林高會歎世事也李仁老吳世
才咸淳趙通李湛之皇甫抗等忘年之友也其間大
科數次落榜三十四歲棄仕進之意雙明齋詩曰青
春三十白衣永沒也明宗二十六年丙辰卒享年四

十七也葬於歌絃山獅子峰南麓壬坐之原著書有麴醇傳孔方傳又有李仁老編西河先生集嘗有九日聞諸公有會詩曰身在天涯歲又催登高自有望鄕臺五年去國長爲客九日無人共把杯紅葉忽聞霜後落黃花猶似亂前開莫嫌擧止非閑雅須向龍山許一陪嗚呼江左七賢今吟風弄月高會哉讚曰

獅子峰坡宿雪寒　衣龍南麓一烏玕
深銘大字西河號　高侍圓封麗士端
弄月七賢詩酒樂　擬人二卅醇錢爛
雙明齋手編文集　善友交遊萬世歡

楡川齋

楡川齋在江原道江陵市池邊洞崔忠齋公追慕處也公諱文漢江陵人祖諱佃號恒齋南宋理宗駙馬自宋入高麗之祖考諱鑾號肅齋海豐府院君妣金氏鷄林君琿女以生公於海州本家高麗忠肅王七年庚申一月一日辛巳亥時也恒齋曰儀節彌文江漢之濯以保國傳家者必此兒故命名也幼而穎敏及長雄威氣像容達度量文武兼全尚善德公主爲忠肅王駙馬歷正順大夫三韓三重大匡判軍器寺事大司憲藝文館提學至崇政大夫門下侍中其

間數次樹倭寇擊退之功及麗運訖入杜門洞退遯

江陵馬上里與探薇軒吟桃源歌曲也愛馬依雲霧

爲龍乘天俗傳龍池也臨終遺戒薄葬曰雖青山一

抔土不使指稱於新天地哉新朝四年乙亥十二月

十七日卒享年七十六也翌年丙子二月二十日葬

于馬鳴山麓子坐原後孫成勢門追奉始祖也讚曰

驚蟄已過春馥先　濊都深谷一齋錫

飛檐瓦屋極文耀　麗制方墳莖色鮮

薄葬遺言痕鏟削　桃源歌曲鬱蕤傳

尚逢王女持高節　門閥江崔始祖賢

한가락 찾아간 차례

역사탐방 276회

4323. 4. 29 ~ 4346. 3. 9

한가락 모임

한가락 모임

▸시 작

중관 최권흥 선생님으로부터 한문공부를 하던 사람들이, 어느 날 모여서 한문공부의 목표를 이야기하던 중, 한문공부는 우리의 과거사를 알기 위해서이고, 우리의 과거를 바르게 알지 못하고서는 남의 앞에 서는 지도자가 될 수 없고, 지도자란 바로 우리의 옛 선비 정신을 갖추어야 되는데, 바로 그 옛 선비의 멋 중에는 시조라는 풍류가 있다는 것을 알게 되었다.

벽고, 고룡, 욕천, 노산당 등 12명이 뜻을 모아 따로 한문공부를 계속하여 우리의 역사를 올바르게 알며, 또 시조공부를 통해 선비로서의 멋까지도 아울러서 남을 이끄는 지도자로서의 소양도 길러보고자 역사의 현장 즉, 우리 역사 속에서 남달리 훌륭한 지도자적 삶을 살다간 분들의 유적지를 찾아가 그 정신을 시조로 읊어보고자 했다.

1990년 4월 29일, 중관 선생님을 모시고 경기도 포천군 신북면 고일리 왕방산 밑에 있는 고려말 절의충신 성여완 이헌 묘를 찾아가 시조를 읊고, 모임의 이름을 '한가락'이라 선생님께서 붙여주셨다.

▸활 동

주례활동 – 매주 목요일 19시~21시, 역사공부, 시조공부.

월례활동 – 매월 첫 토요일, 역사탐방을 통해 현장에서의 역사공부와 시조 지어 읊기로 시조의 원형 되살리기.

연례활동 – 매년 4월 29일, 시조집 발간 출판기념회 및 연구발표.

* 현재 역사탐방 276회로 한가락 시조집 1~23집과 기타 연구집 25권을 출간함.

차례	곳	사 람	어떤 이	고 을	날 짜	한가락
1	怡軒墓	成汝完	고려 말 절신	경기 포천	4323. 4. 29	제1권
2	金水亭	楊士彦	조선조 선비	경기 포천	5. 27	〃
3	洗心亭	趙 昱	〃	경기 양평	6. 24	〃
4	寶山亭	朴 禎	고려 말 절신	경기 양평	7. 22	〃
5	聽松墓	成守琛	조선조 선비	경기 파주	9. 9	〃
6	壯節公墓	申崇謙	고려 개국공신	강원 춘천	10. 14	〃
7	耘谷墓	元天錫	고려 말 절신	강원 원주	11. 11	〃
8	牧隱墓	李 穡	〃	충남 서천	12. 9	〃
9	觀瀾亭	元 昊	조선조 생육신	충북 제천	4324. 1. 3	〃
10	採薇亭	吉 再	고려 말 절신	경북 구미	2. 3	〃
11	氷玉亭	金令貽	고려 말 충신	충북 영동	3. 17	〃
12	邀僊亭	楊士彦	조선조 선비	강원 영월	4. 1	제2권
13	避世亭	趙 紳	고려 말 절신	충북 괴산	5. 26	〃
14	紫薇亭	李 午	〃	경남 함안	6. 30	〃
15	東皐亭	李英吉	조선조 선비	충북 청원	7. 28	〃
16	月巖亭	金 澍	고려 말 절신	경북 선산	8. 25	〃
17	獨守亭	全新民	〃	전남 담양	9. 8	〃
18	返舊亭	權 定	〃	경북 영주	10. 6	〃
19	永思亭	劉 懽	〃	경남 거창	11. 10	〃
20	花樹亭	具 鴻	〃	대구 북구	12. 1	〃
21	隅谷亭	鄭 溫	〃	경남 진주	4325. 1. 11	〃
22	教授亭	趙承肅	〃	경남 함양	2. 9	〃
23	陟西亭	洪 魯	고려 말 충신	경북 군위	3. 8	제2권

차례	곳	사 람	어떤 이	고 을	날 짜	한가락
24	洗心亭	南知言	조선조 선비	충북 영동	4325. 4. 12	제3권
25	南下亭	金 佇	고려말 충신	경북 예천	5. 5	〃
26	永慕亭	愼義連	조선조 효자	전북 진안	6. 14	〃
27	醉石亭	金景憙	조선조 선비	전북 고창	7. 5	〃
28	梅鶴亭	黃耆老	〃	경북 선산	8. 24	〃
29	梅菊亭	李兆年	고려 말 선비	경북 고령	9. 20	〃
30	越松亭	李 行	고려 말 충신	경북 울진	10.3~4	〃
31	草澗亭	權文海	조선조 선비	경북 예천	11. 1	〃
32	臥仙亭	太白五賢	〃	경북 봉화	12. 6	〃
33	洗川亭	吳國華	고려 말 절신	경북 의성	4326. 1. 10	〃
34	三詠亭	柳漢禎	조선조 선비	경북 군위	2. 7	〃
35	如此亭	張 㮖	〃	경북 구미	3. 7	〃
36	天雲亭	李萬敷	〃	경북 상주	4. 18	제4권
37	丹丘館	金 後	고려 말 절신	경남 산청	5. 16	〃
38	詠歸亭	金光粹	조선조 선비	경북 의성	6. 13	〃
39	江昌閣	全文軾	고려 말 절신	전북 진안	7. 4	〃
40	萬景亭	尹師晳	조선조 선비	충북 청원	8. 22	〃
41	松谷祠	柳方澤	고려 말 절신	충남 서산	9. 19	〃
42	睡仙亭	宋眞儒	조선조 선비	전북 진안	10. 17	〃
43	望京樓	閔安富	고려 말 절신	경남 산청	11. 7	〃
44	魯岡齋	柳 藩	〃	경남 합천	12. 5	〃
45	龍浦齋	申 祐	〃	경북 의성	4327. 1. 9	〃
46	種善亭	琴應石	조선조 선비	경북 봉화	2. 6	제4권

차례	곳	사 람	어떤 이	고 을	날 짜	한가락
47	景德齋	姜淮仲	고려 말 절신	경기 고양	4327. 3. 6	제4권
48	歸來亭	申末舟	조선조 선비	전북 순창	4. 10	제5권
49	瑞雲齋	全五倫	고려 말 절신	강원 정선	5. 8	〃
50	枯松亭	金忠柱	조선조 선비	경기 시흥	6. 12	〃
51	景杜齋	金冲漢	고려 말 절신	전북 남원	7. 3	〃
52	居然亭	全時敍	조선조 선비	경남 함양	8. 21	〃
53	永慕齋	金士廉	고려 말 절신	충북 청원	9. 11	〃
54	德川齋	柳興龍	조선조 선비	충북 청원	10. 16	〃
55	尋源亭	鄭芝榮	〃	경남 함양	11. 6	〃
56	大承齋	崔 瀁	고려 말 절신	전북 완주	12. 4	〃
57	高德齋	李養中	〃	경기광주	4328. 1. 15	〃
58	醉睡亭	金可行	〃	경남 거창	2. 5	〃
59	基洞書院	李 瓊	〃	경남 거창	3. 5	〃
60	建溪亭	章大莊	〃	경남 거창	4. 2	제6권
61	成仁堂	朴可權	〃	경북 성주	5. 7	〃
62	永慕齋	玄玉亮	〃	경북 예천	6. 4	〃
63	靖慕齋	金五行	〃	전북 고창	7. 2	〃
64	慕松齋	崔 淸	〃	경기 양주	8. 20	〃
65	五柳書社	朴 愈	〃	충남 예산	9. 17	〃
66	崇德齋	晉于蘭	〃	전북 남원	10. 1	〃
67	敬慕齋	李攀桂	〃	강원 횡성	11. 5	〃
68	三松齋	朴宜中	〃	전북 김제	12. 3	〃
69	漁隱齋	卜渭龍	고려 말 절신	충남 홍성	4329. 1. 7	제6권

차례	곳	사 람	어떤 이	고 을	날 짜	한가락
70	崇慕齋	殷莘尹	고려 말 절신	경기 용인	4329. 2. 4	제6권
71	繼敬齋	金世英	〃	전북 부안	3. 3	〃
72	孝思齋	裵尙志	〃	경북 안동	4. 7	제7권
73	時思齋	晉如蘭	〃	전북 남원	5. 5	〃
74	聚遠亭	全 淑	〃	충북 옥천	6. 2	〃
75	景義齋	沈元符	〃	경북 청송	7. 7	〃
76	駒城齋	李中仁	〃	경기 용인	8. 18	〃
77	桑村齋	金自粹	〃	경기 광주	9. 8	〃
78	慕先亭	朴 翊	〃	경남 밀양	10. 6	〃
79	淸襟亭	李 致	〃	경남 합천	11. 3	〃
80	景慕齋	田貴生	〃	충남 홍성	12. 1	〃
81	隨日齋	金 濟	〃	경북 상주	4330. 1. 5	〃
82	景慕齋	王斯溫	〃	경남 의령	2. 2	〃
83	退隱亭	李 薿	〃	경북 영주	3. 2	〃
84	舞雩亭	蔡貴河	〃	경북 상주	4. 6	제8권
85	龍湖齋	范世東	〃	광주 북구	5. 4	〃
86	墨井書院	申德隣	〃	충북 청원	6. 1	〃
87	永慕亭	林 卓	〃	전남 나주	7. 6	〃
88	岐谷亭	林蘭秀	〃	충남 연기	8. 17	〃
89	聽之亭	鄭 熙	〃	광주 서구	9. 7	〃
90	景忠齋	都 膺	〃	충남 예산	9. 28	〃
91	白松齋	安 俊	〃	경북 예천	11. 2	〃
92	崇義齋	白 莊	고려 말 절신	전북 장수	12. 7	제8권

차례	곳	사 람	어떤 이	고 을	날 짜	한가락
93	日新齋	盧俊恭	고려 말 절신	광주 북구	4331. 1. 4	제8권
94	扶陽齋	金居翼	〃	충남 부여	2. 1	〃
95	麗日齋	孔 僾	〃	전남 여수	3. 1	〃
96	風浴樓	成 溥	〃	전북 고창	4. 12	제9권
97	鶴陰齋	曺繼芳	〃	경남 창녕	5. 10	〃
98	永慕齋	程 廣	〃	광주 서구	6. 14	〃
99	常山齋	宋匡輔	〃	충북 진천	7. 5	〃
100	開雲齋	金先致	〃	경북 상주	8. 23	〃
101	齋洞書院	宋 侃	단종 충신	전남 고흥	9. 6	〃
102	懿德祠	車原頫	고려 말 절신	경기 평택	10. 11	〃
103	瞻慕齋	金九鼎	〃	경북 상주	11. 1	〃
104	直山齋	林 驚	〃	경북 예천	12. 6	〃
105	松月祠	林先味	〃	전남 화순	4332. 1. 10	〃
106	松塢墓	金承露	〃	충남 연기	2. 7	〃
107	麗窩墓	徐 甄	〃	경기 의왕	3. 7	〃
108	道淵書院	許 麒	〃	경남 고성	4. 11	제10권
109	務安齋	兪 蕆	〃	경기 양주	5. 2	〃
110	崇義齋	張輔之	〃	경북 의성	6. 13	〃
111	月峴祠	朴 忱	〃	전남 영광	7. 4	〃
112	南谷齋	李釋之	〃	경기 용인	8. 22	〃
113	嵋南齋	趙 瑛	〃	전북 순창	9. 12	〃
114	謙川書院	趙 瑜	〃	전남 순천	10. 3	〃
115	華巖書院	白仁寬	고려 말 절신	대구 북구	11. 14	제10권

차례	곳	사 람	어떤 이	고 을	날 짜	한가락
116	享保齋	梁 祐	고려 말 절신	전북 남원	4332. 12. 5	제10권
117	淸溪書院	鄭天益	고려 충신	경남 진주	4333. 1. 9	〃
118	錦南齋	吳尙德	고려 말 절신	전북 남원	2. 13	〃
119	大興君墓	李連桂	〃	경북 의성	3. 5	〃
120	塹星壇	檀 君	개국 시조	인천 강화	4. 2	제11권
121	忠孝齋	李義碩	단종 충신	충북 청원	5. 7	〃
122	松軒墓	薛 馮	고려 말 절신	경기 용인	6. 4	〃
123	慕先齋	金允南	〃	경기 파주	7. 2	〃
124	白頭山	桓 雄	개천 상조	함경도	8.4~6	〃
125	心源亭	全春源	조선조 선비	경남 거창	9. 3	〃
126	汾水齋	尹 瓘	고려 장군	경기 파주	10. 1	〃
127	山泉齋	李思敬	고려 말 절신	경북 김천	11. 5	〃
128	慕先齋	元 宣	〃	경기 의정부	12. 3	〃
129	斗山齋	許有全	고려 충신	인천 강화	4334. 1. 7	〃
130	忠慕齋	南乙珍	고려 말 절신	경기 양주	2. 4	〃
131	花園齋	石汝明	〃	충북 충주	3. 4	〃
132	石圃齋	金 路	〃	경기 여주	4. 1	제12권
133	松菴亭	朴門壽	〃	전북 남원	5. 6	〃
134	四可齋	李奎報	고려 선비	인천 강화	6. 3	〃
135	金笠墓	金炳淵	조선조 선비	강원 영월	7. 1	〃
136	南昌齋	孫孝貞	고려 말 절신	충남 논산	8. 5	〃
137	永慕齋	徐 閈	고려 선비	충남 예산	9. 2	〃
138	延華祠	李元發	고려 말 절신	경기 용인	10. 7	제12권

차례	곳	사 람	어떤 이	고 을	날 짜	한가락
139	履露齋	孫 策	고려 말 절신	전남 보성	4334. 11. 4	제12권
140	忠壯祠	南以興	조선조 장군	충남 당진	12. 2	〃
141	重先齋	宋 寅	고려 말 절신	전남 고흥	4335. 1. 6	〃
142	永思閣	羅繼從	〃	전남 나주	2. 3	〃
143	栗里祠	申 淇	〃	충남 서천	3. 3	〃
144	永思齋	李 棹	고려 개국공신	충남 연기	4. 7	제13권
145	時調碑	李義碩	단종 충신	충북 청원	5. 4	〃
146	鳳岡齋	尹莘達	고려 개국공신	경북 포항	5. 5	〃
147	春福齋	孫兢訓	〃	경남 밀양	6. 2	〃
148	太師祠	卜智謙	〃	충남 당진	7. 7	〃
149	歲一齋	韓 蘭	〃	충북 청원	8. 4	〃
150	德星堂	崔知夢	〃	전남 영암	9. 1	〃
151	武烈公墓	裵玄慶	〃	경북 칠곡	10. 6	〃
152	寒泉書院	全以甲 全義甲	〃	경북 달성	11. 3	〃
153	彌石齋	金宣弓	〃	경북 구미	12. 1	〃
154	敬思齋	柳車達	〃	광주 광산구	4336. 1. 6	〃
155	豊壤齋	趙 孟	〃	경기 남양주	2. 9	〃
156	太師墓	庾黔弼	〃	충남 부여	3. 2	〃
157	遠慕壇	朴英規	〃	충북 청주	4. 6	제14권
158	陵洞齋	權 幸	〃	경북 안동	5. 4	〃
159	松林齋	成思齊	고려 말 절신	경남 창녕	6. 1	〃
160	崇悳齋	金萱述	고려 개국공신	경북 구미	7. 6	제14권

차례	곳	사 람	어떤 이	고 을	날 짜	한가락
161	杜菴墓	全 賁	고려 말 충신	강원 정선	4336. 8. 3	제14권
162	城谷齋	張貞弼	고려 개국공신	경북 안동	9. 7	〃
163	追遠齋	邊安烈	고려 말 충신	경기 남양주	10. 5	〃
164	崇祖壇	李堅雄	고려 개국공신	충남 천안	11. 2	〃
165	台庄齋	金宣平	〃	경북 안동	12. 7	〃
166	敬收堂	李恩言	〃	경북 성주	4337. 1. 4	〃
167	慕隱壇	蘇格達	〃	경기 안성	2. 1	〃
168	慕麗壇	邊 肅	고려 말 절신	경기 포천	3. 7	〃
169	景慕祠	羅聰禮	고려 개국공신	전남 나주	4. 11	제15권
170	聚斯堂	金 佶	〃	전남 담양	5. 2	〃
171	篁山祠	崔必達	〃	강원 강릉	6. 6	〃
172	鶴山書院	朴允雄	〃	경남 울산	7. 4	〃
173	學士公墓	李 皐	고려 말 절신	경기 수원	8. 1	〃
174	戀主閣	康得龍	〃	경기 과천	9. 5	〃
175	壯景公壇	許宣文	고려 개국공신	경기 김포	10. 3	〃
176	鳳山祠	姜以式	고구려 장군	경남 진주	11. 7	〃
177	飮水齋	金方慶	고려 말 장군	경북 안동	12. 5	〃
178	仁興書院	秋 適	고려 말 선비	대구 달성	4338. 1. 9	〃
179	永慕堂	李湯休	고려 말 절신	전북 임실	2. 6	〃
180	湖隱墓	洪 演	단종 충신	경기 양주	3. 6	〃
181	景烈祠	鄭 地	고려 충신	광주 북구	4. 3	제16권
182	平章事公墓	朴元浤	〃	강원 인제	5. 1	〃
183	敬止齋	金 坵	고려 충신	전북 부안	6. 12	제16권

차례	곳	사 람	어떤 이	고 을	날 짜	한가락
184	龍安祠	李思之	고려 말 절신	경남 밀양	4338. 7. 3	제16권
185	陶隱齋	李崇仁	〃	경북 성주	8. 7	〃
186	龍岡祠	朴 諏	〃	경남 양산	9. 4	〃
187	崇義齋	李存仁	〃	경북 김천	10. 9	〃
188	望松齋	韓哲冲	〃	경남 합천	11. 20	〃
189	居平祠	魯 愼	〃	전남 나주	12. 4	〃
190	忠敬書院	廉致中	〃	전남 나주	4339. 1. 8	〃
191	書雲齋	金 綏	〃	경기 의왕	2. 5	〃
192	陶山齋	朴可興	〃	경기 남양주	3. 19	〃
193	永慕齋	池勇奇	고려 말 충신	충남 아산	4. 2	제17권
194	麥山齋	成仁輔	고려 충신	경남 창녕	5. 14	〃
195	玉溪書院	張安世	고려 말 절신	경북 구미	6. 3	〃
196	下松齋	金 起	〃	경북 구미	7. 2	〃
197	永慕齋	金七陽	〃	전남 강진	8. 6	〃
198	養眞堂	姜 蓍	〃	경북 안동	9. 3	〃
199	鳳停齋	申得淸	〃	경북 영덕	10. 1	〃
200	聖巖書院	柳 淑	고려 충신	충남 서산	11. 5	〃
201	明禮閣	柳惠孫	고려 말 절신	경기 고양	12. 10	〃
202	泮谷書院	鞠 襦	〃	전북 완주	4340. 1. 7	〃
203	忠義祠	申包翅	〃	전남 고흥	2. 4	〃
204	政丞公墓	任 珣	〃	충남 보령	3. 4	〃
205	忠簡公墓	尹 璜	〃	충남 당진	4. 1	제18권
206	鳴灘書院	李明誠	고려 말 절신	충남 공주	5. 13	제18권

차례	곳	사 람	어떤 이	고 을	날 짜	한가락
207	文憲書院	崔安澤	고려 말 절신	경기 오산	4340. 6. 3	제18권
208	浮海亭	盧仁正	〃	경남 고성	7. 1	〃
209	長沙齋	金臣寶	〃	전북 고창	8. 5	〃
210	洛東書院	禹玄寶	〃	대구 달서	9. 2	〃
211	逸老公墓	金揚南	〃	경기 연천	10. 7	〃
212	典書公墓	柳從惠	〃	경북 안동	11. 4	〃
213	平章事公壇	柳 池	〃	전북 완주	12. 2	〃
214	追遠齋	宋 桂	〃	전남 담양	4341. 1. 6	〃
215	肅文齋	柳 渾	〃	전북 완주	2. 3	〃
216	慕忠齋	吳 僖	〃	전북 익산	3. 9	〃
217	嚴毅公壇	朴述熙	고려 개국공신	경기 의정부	4. 6	제19권
218	謝臥齋	全 順	고려 말 절신	경북 고령	5. 4	〃
219	泮亭齋	田子壽	〃	경북 울진	6. 1	〃
220	典書公墓	崔 濱	〃	경기 양주	7. 6	〃
221	桂林齋	崔有江	〃	경기 양평	8. 3	〃
222	兩樂亭	崔七夕	〃	전북 임실	9. 7	〃
223	東山祠	崔安雨	〃	전남 나주	10. 5	〃
224	驪江公墓	尹忠輔	〃	경기 양평	11. 2	〃
225	景慕齋	金若時	〃	경기 광주	12. 7	〃
226	典書公壇	徐 輔	〃	충남 천안	4342. 1. 4	〃
227	霞山祠	魏 种	〃	전남 장흥	2. 1	〃
228	竹林齋	鞠大運	고려 말 절신	전남 담양	3. 1	제19권

차례	곳	사 람	어떤 이	고 을	날 짜	한가락
229	德隱齋	趙仁璧	고려 말 절신	경기 파주	4342. 4. 5	제20권
230	景雲齋	張天永	〃	강원 동해	5. 3	〃
231	武陽書院	崔允德	〃	광주 광산	6. 7	〃
232	孤竹齋公壇	趙安卿	〃	경기 연천	7. 5	〃
233	牛山書院	金臺卿	〃	전남 무안	8. 2	〃
234	誠久祠	卞 贇	〃	경남 마산	9. 6	〃
235	五忠祠	宣允祉	〃	전남 보성	10. 10	〃
236	世德祠	卓光茂	〃	경북 안동	11. 8	〃
237	琴隱公墓	李陽昭	〃	경기 연천	12. 6	〃
238	敬慕齋	金 恂	고려 말 충신	경기 안양	4343. 1. 10	〃
239	賢慕齋	閔 愉	고려 말 절신	경기 김포	2. 7	〃
240	世德祠	孟希道	〃	충남 아산	3. 7	〃
241	永慕齋	金永煦	고려 말 충신	충북 청원	4. 11	제21권
242	上黨祠	郭 樞	고려 말 절신	충북 청주	5. 2	〃
243	都摠制公墓	朴德公	〃	경기 의정부	6. 13	〃
244	永慕齋	蔡玉澤	〃	전북 군산	7. 4	〃
245	永雲齋	宋 郊	고려 말 충신	전북 정읍	8. 8	〃
246	趙琴隱公墓	趙 悅	고려 말 절신	경남 함안	9. 5	〃
247	東岡公墓	李 隣	〃	강원 원주	10. 3	〃
248	松菴公墓	金 秩	〃	충남 아산	11. 7	〃
249	學堂齋	金成牧·金休	〃	충남 연기	12. 5	〃
250	李舍人公壇	李 蓨	〃	전북 익산	4344. 1. 9	〃
251	湘水齋	洪 智	〃	경기 양주	2. 6	〃
252	奉哥池	奉 佑	고려 충신	인천 강화	3. 6	제21권

차례	곳	사 람	어떤 이	고 을	날 짜	한가락
253	源仁齋	許 謙	인천이씨 시조	인천 연수구	4344. 4. 3	제22권
254	溫水君神壇	方 雲	온양방씨 시조	충남 아산	5. 1	〃
255	龍岡齋	尹 威	남원윤씨 시조	전남 구례	6. 12	〃
256	慕先祠	鄭普天	온양정씨 시조	충남 아산	7. 3	〃
257	始祖公壇	趙 岑	양주조씨 시조	서울 강북구	8. 21	〃
258	始祖公壇	李敦守	덕수이씨 시조	충남 아산	9. 4	〃
259	龍田齋	徐 稜	이천서씨 효자	전남 장성	10. 9	〃
260	東谷書院	趙 愼	고려 말 절신	충남 부여	11. 6	〃
261	渡東齋	蔣 壻	아산장씨 시조	충남 아산	12. 4	〃
262	判事公壇	李守仁	고려 말 절신	경기 평택	4345. 1. 8	〃
263	遠慕齋	全 信	〃	인천 강화	2. 5	〃
264	節制使公墓	李 沃	〃	경기 포천	3. 4	〃
265	海巖亭	沈東老	삼척심씨 시조	강원 동해	4345. 4. 1	제23권
266	慕賢齋	睦孝基	사천목씨 시조	서울 도봉구	5. 12	〃
267	梅山書院	文益漸	고려 말 절신	경기 여주	6. 16	〃
268	三莊齋	金子進	〃	전남 나주	7. 7	〃
269	思陽影堂	李公升	고려 충신	충북 진천	8. 11	〃
270	苾芬齋	邉 靜	고려 말 절신	전남 장성	9. 1	〃
271	典書公墓	朴元象	〃	대전 동구	10. 13	〃
272	慕先齋	崔原儒	고려 충신	충북 충주	11. 3	〃
273	追遠齋	田得雨	고려 말 절신	충남 부여	12. 1	〃
274	雙明齋	李仁老	고려 충신 문장가	경남 의령	4346. 1. 5	〃
275	西河公墓	林 椿	〃	인천 서구	2. 2	〃
276	楡川齋	崔文漢	고려 말 절신	강원 강릉	3. 9	제23권

한가락모임 회원

차례	아 호	이 름	하는 일	한가락
1	벽고(碧皐)	장대열(張大烈)	중등학교 교사	제1권
2	여산(汝蒜)	이병진(李炳振)	회사 경영	〃
3	해봉(海峯)	홍종련(洪鐘連)	국회자문위원	〃
4	옥마(玉馬)	신광철(申光澈)	외국어교육진흥원장	〃
5	함주(咸州)	이재철(李在徹)	롯데건설 소장	〃
6	청잠(菁岑)	이기현(李基眩)	이향동근회 연구실장	〃
7	고룡(古龍)	맹치덕(孟致德)	중등학교 교사	〃
8	욕천(浴川)	최장호(崔章鎬)	건강보험심사평가원	〃
9	노산당(魯山堂)	전향아(全香阿)	한가락 총무	〃
10	웅천(熊川)	최정환(崔正煥)	중등학교 교사	〃
11	고천(孤川)	김종열(金種悅)	중등학교 교사	〃
12	귀원(龜原)	김한기(金漢基)	중등학교 교사	〃
13	두고(斗皐)	홍봉성(洪鳳性)	국방부 과장	제2권
14	계천당(桂川堂)	이화용(李華鏞)	초등학교 교사	〃
15	갑고(甲皐)	홍영표(洪永杓)	대학 교수	제3권
16	문원(文園)	김경미(金京美)	대학원생	〃
17	소정(蘇亭)	이정웅(李正雄)	중등학교 교사	〃
18	동원(東原)	조형증(趙亨增)	세동실업 근무	제4권
19	청운(青雲)	정성심(鄭成心)	중등학교 교사	〃
20	소운(昭云)	정연경(丁燃敬)	추사체연구회 이사	제5권

차례	아 호	이 름	하는 일	한가락
21	노봉(蘆峯)	유인수(柳仁秀)	중등학교 교사	제5권
22	서봉(瑞峰)	조철식(趙徹植)	중등학교 교사	제6권
23	안일당(安一堂)	이원희(李元熙)	동천서숙 총무	〃
24	설전(雪荃)	임준신(任準臣)	설전화실 원장	〃
25	우인(又仁)	경우수(慶佑秀)	자영업	제7권
26	세화(世華)	정무진(丁武鎭)	중등학교 교사	〃
27	소곡(蘇谷)	김길웅(金吉雄)	중등학교 교사	제9권
28	석초(石艸)	홍오선(洪五善)	중등학교 교사	〃
29	청송(青松)	송화엽(宋和曄)		〃
30	매현(梅峴)	김낙원(金洛元)	서예학원 원장	제10권
31	심계(深溪)	이우원(李雨源)		제11권
32	예주(濊州)	김영기(金榮基)	한의원 원장	제13권
33	가산(佳山)	임봉훈(任奉壎)	대한전기공업사 대표	제15권
34	서원(西原)	김용대(金容大)	서울진양주식회사 대표	제16권
35	현정(賢亭)	정현정(鄭賢禎)	서예가	제17권
36	삼우당(三又堂)	장선숙(張善淑)	서예가	〃
37	청담(青潭)	민영순(閔永順)	한국서가협회 초대작가	〃
38	해월(海月)	채현병(蔡賢秉)	초등학교 교사	제19권
39	시우(時雨)	이경희(李京姬)		제21권
40	오남(梧南)	이종관(李鍾寬)	변호사	제22권

>한가락 모임<

최권흥 장대열 맹치덕 최장호 전향아 홍영표

조철식 이원희 경우수 임봉훈 이종관

한가락 시조집 23

고려하 머리곰 비취오시라

2013년 4월 22일 초판1쇄 인쇄
2013년 4월 29일 초판1쇄 발행

지은이 한가락 모임
펴낸이 김 영 환
펴낸곳 도서출판 다운샘

주소 138-857 서울 송파구 오금동 48-8
전화 (02) 449-9172 팩스 (02) 431-4151
E-mail : dusbook@naver.com

등록 1993. 8. 26. 제17-111호

ISBN 978-89-5817-277-2 04810
ISBN 978-89-5817-245-1 (세트)

값 17,000원